Global English의 이해와 활용

장복명 · 한은희 공저

신아사

Global English의 이해와 활용

머리말

현재 우리가 살고 있는 21세기 사회의 특징을 핵심적인 어휘로 표현한다면 "정보통신기술(ICT: Information and Communication Technology)의 발달"과 "세계공용어로서의 영어 활용"이라고 요약할 수 있겠다. 정보통신기술의 발달로 전세계 사람들이 물리적인 제약이 없는 공간 속에서 자유자재로 상호작용을 할 수 있게 되었다. 또한 전세계 지구인들이 정보통신기술력을 이용하여 빈번하고 자유스럽게 의사소통을 할 수 있게 된 상황에 대한 또 한 가지 요인은 바로 영어가 세계공용어로서 널리 활용되고 있다는 사실이다.

현재 영어는 전세계의 거의 모든 국가에서 모국어, 제2언어 혹은 외국어로서 널리 활용되고 있다. Crystal(1997)의 주장에 따르면 현재 사회의 모든 분야에서 영어를 모국어 혹은 제2언어로 사용하고 있는 국가들의 숫자는 약 75개 정도가 된다고 하니, 외국어로서 영어를 사용하는 국가들까지 포함하면 그 숫자는 더욱 많아지게 될 것이다.

이제 영어가 국제사회에서 의사소통을 하는데 없어서는 안 되는 필수적인 도구가 되었음은 자명한 사실이다. 영어는 이제는 전 세계 사람들이 의사소통의 도구로 널리 활용되는 언어로서, 모국어로서의 영어(English as a Native Language), 제2언어로서의 영어(English as a Second Language), 외국어로서의 영어(English as a Foreign Language) 영역을 넘어서서 이제는 국제어로서의 영어(English as an International Language)의 개념이 강조되고 있어서, 그 어느 때보다도 영어교육의 중요성이 강조되고 있다. 이러한 점은 21세기 사회에서 영어가 수행하는 역할에 대한 브라운의 다음과 같은 정의를 통해서도 입증되고 있다; 영어가 미국과 영국의 문화적 가치를 이해하고 전수하기 위한 도구로 활용되지 않는 경우가 빈번하다. 대신에 영어는 교통, 상업, 금융, 여행, 기술, 외교 그리고 과학적 연구 분야에서 국제적인 의사소통의 도구로 변화되었다(Brown, 2007: 136). 국제사회에서 다문화간 의사소통의 능력을 발휘할 수 있다는 것은 국제사회에서 경쟁적인 위치를 선점했다는 것을 의미하기도 한다. 이러한 의미에서도 영어의 중요성을 더욱 강조되고 있는 것이다.

본 저서는 이러한 국제사회의 모든 영역에서 의사소통의 필수적인 도구로 그 위치를 공고하게 점하고 있는 영어가 세계공용언어로 발전하게 된 역사적인 배경을 고찰하고, 또한 그 특징적인 면을 이해하여 글로벌시대에 적절하게 활용할 수 있는 영어 구사능력을 함양하는 것을 목적으로 저술되었다.

제1부 "Global English의 이해"에서는 영어가 세계공용어로서 널리 활용되게 된 역사적 배경과 현재의 주요 논의 주제를 소개한다. 영어의 제1차, 제2차 확산 과정을 세계 지도를 곁들인 설명과 함께 제시하고, 또한 영어의 확산모형에 대한 최신의 학자들의 이론을 소개한다. 또한 세계공용어로서의 영어의 위상, 영어를 모국어로 활용하는 내적범주 국가들 내에서의 영어 변화 문제, 원어민 영어 화자와 비원어민

영어 화자의 구분이 필요한 것인가에 대한 논의 등 Global English에 대한 주요 연구주제 및 해결방안을 모색한다.

제2부 "글로벌시대의 영어교육"에서는 영어교육이 이루어지는 제2언어로서의 영어(ESL)교육 상황과 외국어로서의 영어(EFL)교육 상황의 특징을 소개하고 영어교육의 활용 방안을 논의한다. 또한 초·중등·대학교와 같은 제도적인 특징 속에서 영어 기능을 적절하게 학습할 수 있는 다양한 교육 프로그램을 고찰한다. 또한 이러한 영어교육 상황에서 유능한 영어교사란 어떤 자질을 함양하고 있어야 하는 가에 대한 주제를 소개하고 앞으로 세계공용어어로서의 영어를 잘 가르칠 수 있는 교사 양성 방향을 탐색한다.

제3부 "글로벌시대의 아시아영어"에서는 세계공용어로서 영어를 사용하고 있는 화자들의 숫자가 점점 늘어나고 있는 아시아지역에서의 영어의 특징을 소개한다. 근대화 과정에서 영국·미국 등 강대국의 식민지배를 경험하여 오랜 시간 동안 영어가 제2언어로서 활용되고 있는 상황인 외적 범주에 속하는 인도, 홍콩, 필리핀, 싱가포르에서 영어가 소개되고 발전되게 된 역사적 배경을 소개하고 또한 각 나라의 언어문화적 특징을 반영하고 있는 현상 및 현재 사회에서 영어가 점하고 있는 위상에 대해서 논의한다. 그 다음에는 영어가 공식적인 지위는 부여 받지 못 하였으나 특수한 직업 군에서 요구되고, 상급학교를 진학하기 위해서 필수적인 학과목으로 자리매김을 하고 있는 확장 범

주에 속하는 중국, 일본, 한국의 영어 상황을 탐색한다. 역시 이들 나라들이 근대화 과정에서 영어를 수입하고 발전시키게 된 역사적인 배경과 현재의 영어교육 정책 등 각 나라에서 특징적으로 나타나고 있는 영어의 현상을 고찰한다.

제4부 "글로벌시대의 비즈니스 영어 활용"에서는 앞 부분에서 고찰한 이론을 토대로 글로벌사회에서 비즈니스를 위한 영어 활용 방법을 연습하는 것을 목적으로 한다. 영어로 이력서 및 자기소개서 작성하기, 메일 보내기, 명함 만들기 등 실제적인 영어 활용 방법을 소개함으로써 이 저서로 학습하는 학생들에게 영어활용 능력을 향상시켜 주는 것이 주요 목적이다.

현재와 같이 국가 간의 의사소통이 필수적으로 활용되고 있는 글로벌 사회 속에서 영어를 능숙하게 구사할 수 있다는 것은 국제사회에서 유능한 인재로 활동할 수 있는 자격 요건을 갖추었다는 점을 입증하는 것이다. 그러나 영어의 구사능력을 갖추기 위해서 영어의 4가지 기능만을 연습하기 보다는 영어의 역사, 세계사의 발전과정 속에서의 영어의 확산 과정, 각 국가별 사회·문화적인 특징을 반영하고 있는 영어의 모습, 원어민 영어 화자의 정의 문제 등 영어가 널리 활용되고 있는 사회 저변의 주요 문제점 등에 대한 고찰이 선행되어야 한다. 이러한 점에서 본 저서는 글로벌시대의 영어 활용 능력을 향상시키기를 원하는 학생들에게 세계공용어로서의 영어의 역사적 발전 과정에 대한 이해 및 앞으로의 발전 방향에 대한 전망 능력을 제시해 줄 수 있으리라 확신한다.

여러 가지 어려운 상황 속에서도 출판을 허락해 주신 신아사 사장님과 출판의 처음 과정부터 마지막 과정까지 꼼꼼하게 교정을 해 주신 편집부 직원님들의 노고에 진심 어린 감사의 인사를 드린다.

2016년 2월 28일

장복명 · 한은희

목 차

제3부
글로벌시대의 아시아 영어 • 83

제4부
글로벌시대의 비지니스 영어 활용 • 191

제1부
Global English의 이해

엘리자베스 1세 여왕의 통치가 끝나던 해인 1603년에는 단지 500만 명 내지 700만 명에 불과하던 영어 사용 인구 수는 21세기 초엽의 엘리자베스 2세 여왕 통치의 후반부에 이르러서는 15억에서 20억 사이의 숫자로 크게 증가하였다. 16세기 중반에는 영어가 브리튼 제도의 지역 내에서 태어나고 성장한 소수 그룹의 모국어 화자들 사이에서만 사용되었던 반면, 지금은 전 세계의 거의 모든 나라들에서 사용되고 있으며 영어 사용자의 대다수는 영어를 모국어로 사용하지 않는 사람들이다.

Crystal(1997)이 정리한 바에 따르면 현재 행정, 법률, 교육 등의 제 분야에서 영어를 모국어(L1)나 공식적인(즉 제도화된) 제2언어(L2)[1]로 사용하는 나라들은 대략 75개가 된다.

Crystal(1997)의 자료에 따르면 모국어 영어 화자와 제2언어 영어 화자의 합계는 각각 337,407,300명과 235,351,300명인 바, 이 두 영어 화자의 수를 합하면 위 국가들의 총인구수(총합계 : 2,024,614,000명)의 거의 1/3에 육박하는 수가 된다. 그러나 Crystal(1997 : 61)이 지적하고 있듯이 제2언어 영어 화자의 총계는 실제보다 적게 추산된 것으로 보인다. 합계 2억 3천 5백만 명…… 이란 수는 전체적인 숫자를 통합하

1) 모국어와 외국어의 용어를 간략히 정리하면 다음 도표와 같다.

모국어	외국어
first language	foreign language
native language	non-native language
mother tongue	second language
primary language	secondary language
stronger language	weaker language
L1	L2

(장복명, 2013 : 63)

지 못하는 수치이다. 우선 추정수치를 제시해 주지 못하는 나라들이 많았다. 그리고 다른 나라들(특히, 1995년의 인구통계상 그들의 인구를 모두 합하면 13억이 넘는 인도, 파키스탄, 나이지리아, 가나, 말레이시아, 필리핀, 그리고 탄자니아)에서 유창한 수준은 못 되지만 어느 정도 적당히 영어를 구사할 수 있다고 여겨지는 사람들 중 극히 일부라도 제2언어 화자 수에 포함시키면 그 총계는 상당히 늘어날 수 있다. 그는 결론적으로 제2언어 화자의 숫자로서 널리 인정받고 있는 3억 5천만 명이 정확한 수로 보인다고 주장한다.

여기에서 말하는 제2언어로서의 영어 사용자 수에는 또 하나의 중요한 집단이 배제되고 있다. 즉 영어가 공식어로서의 기능을 하지 못하는 나라에 살지만 영어를 구사할 수 있는 사람들이다. 최근에, 그 수가 전체적으로 약 10억 정도로 추산되며 그 숙달도가 적당함에서부터 이중언어 사용자의 수준까지 폭넓게 나타나는 이런 영어 사용자들을, 영어가 국내에서 공식 기능을 하는 나라에서 **제2언어로서의 영어(ESL :** English as a Second Language**)**를 사용하는 화자들과 구분하기 위하여, **외국어로서의 영어(EFL :** English as a Foreign Language**)** 화자라고 부르고 있다. 이런 영어 사용자들 중 유럽과 아시아의 예를 보면, 그들은 그들 사이의 접촉에서 영어 모국어 화자들보다 더 자주 영어를 접촉 언어로 사용하는데, 이런 점이 반영되어 1990년대 중반부터 EFL 화자들이 **국제어로서의 영어(EIL :** English as an International Language**)** 화자로 불리거나 또 가장 최근에는 **혼성국제어로서의 영어(ELF :** English as a Lingua Franca**)** 화자로 불리는 경우를 종종 발견할 수 있다.

전세계적인 영어 화자들을 모국어로서의 영어(**ENL** : English as a Native Language) 화자, ESL 또는 EFL/EIL 화자로 분명하게 분류하는 것은 쉽지 않은 일이다. 싱가포르와 나이지리아 같은 소위 ESL국가들에서는 많은 영어 화자들이 영어를 모국어로 배우기도 하고 또 그 나라들의 이중 또는 다중언어 영역 내에서 대등한 언어 중의 하나로 배우기도 한다. 게다가 네덜란드나 스칸디나비아처럼 영어가 단순히 외국어나 국제어로서보다는 국가 내부적 업무용 언어로의 사용이 증가하고 있는 EFL/EIL 국가들도 있다.

세계 전역의 영어확산 현상은 영어를 사용하는 사용자 그룹에 따라서 아래와 같이 뚜렷하게 3가지 종류로 구분할 수 있다.

- 모국어로서의 영어(ENL)
- 제2언어로서의 영어(ESL)
- 외국어로서의 영어(EFL)

우리가 이 3개의 범주로 분류된 영어의 특징들을 좀더 구체적으로 살펴보면, 특히 가장 영향력 있는 영어 사용에 관한 설명 및 그 모델들을 고려할 때에, 우리는 이런 범주들 간의 경계가 분명하지 않다는 것과 영어 화자들을 셋 중 어느 하나의 범주에만 속하도록 분류하기란 매우 어렵다는 사실을 깨닫게 된다. 그럼에도 불구하고 이 3범주 모델은 더 복잡해진 글로벌 시대의 영어사용 상황에 적절하게 대처하는 데 있어서 유용한 출발점을 제공한다.

모국어로서의 영어(ENL: English as a Native Language)는 영어가 역사적으로 제1언어의 역할을 담당한 나라들 중 한 곳에서 태어나고 자란 이들의 언어이다. Kachru (1992: 356)(제2장 '영어의 확산 모형' 참조)는 이런 나라들(주로 영국, 미국, 캐나다, 오스트레일리아와 뉴질랜드)을 '영어의 전통적인 문화기지 및 언어기지들'이라 칭한다. 이 국가들의 영어 화자는 약 3억5천만 명 정도로 추산된다. **제2언어로서의 영어(ESL: English as a Second Language)**란 인도, 방글라데시, 나이지리아와 싱가포르처럼 한때 영국의 식민지였던 수많은 나라에서 사용되는 영어를 말한다. 이들 영어 화자들 역시 3억 5천만 명 정도라고 추산된다. **외국어로서의 영어(EFL: English as a Foreign Language)**란 영어가 어떤 목적으로도 공식적으로 기능하지 못하지만 특정한 직업 군에서 영어구사능력이 필수적으로 요구되고, 국내 활용 영역 중에서는 중요한 교과목으로 널리 인정되는 나라에서 사는 사람들이 사용하는 영어를 의미한다. 오늘날에 와서 보면 외국어로서의 영어를 말하는 사람들은 다른 비모국어 영어 화자들과 의사소통하기 위하여 영어를 사용하는 듯 보이지만, 역사적으로 볼 때, 그들은 미국과 영국의 모국어 화자들과 의사소통하려고 영어를 배웠었다. 지금은 외국어로서의 영어를 말하는 사람들의 수를 가늠하기가 더 어려운 실정이다. 게다가 어떤 사람을 외국어로서의 영어 화자로 규정하기 위해 적용되는 능숙한 정도의 기준이 어떠냐에 따라 그 수가 큰 폭으로 변할 수도 있다. 그렇다고 해도, 만일 적정한 능숙도를 기준으로 하여 추산한다면, 비록 이 숫자에 논쟁의 여지가 있다는 점은 밝혀두지만, 그 수는 약 10억 명 정도가 될 것이다.[2)]

---

2) 이 3범주 분류 방식에 대해서는 이미 여러가지 문제점들이 지적되어져 왔다. McArthur(1998: 43-6)는 아래에 요약한 바와 같은 여섯 개의 단서들을 단점으로 열거한다.
① 모국어로서의 영어는 단일 품종으로서 존재하는 것이 아니라 영토에 따라 두드러지게 달라지고(예, 미국과 영국) 한 영토 내에서도 지역에 따라 달라진다. 게다가 표준으로 인정받는 영어의 형태가 영어를 모국어로 하는 국가에 따라 서로 다르다.
② 피진어와 크리올어들은 위의 3종류의 범주 중 어디에도 정확하게 들어맞지 않는다. 예컨대, 그들은 카리브해 지역에서는 ENL 환경에서 사용되고, 서아프리카의 많

은 나라들에서는 ESL 환경에서, 그리고 남북아메리카의 니카라구아, 파나마, 수리남, 등에서는 EFL 환경에서 각각 사용된다. 그리고 어떤 카리브해의 크리올어들은 영어의 표준 종류와 판이하게 달라서 많은 학자들에 의해서 다른 언어들로 간주된다.

③ 식민정책의 결과로 인도나 홍콩 같은 일부 ESL 영토에는 거기에서 사는 대규모 집단의 ENL 화자들이 존재해 왔다.

④ 또한 이민의 여파로, 특히 미국과 그 보다 조금 작은 규모의 영국 같은 ENL 환경에서 사는 많은 ESL 화자들이 있다.

⑤ 3범주 분류 방식은, 세계의 많은 나라가 이중 혹은 다중의 언어를 사용하고 있다는 사실과 영어가 자주 부호 혼합(미국에서의 '스페인식 영어'처럼 영어를 다른 언어와 혼합하는 것)과 부호 전환(영어와 다른 언어를 번갈아 사용하는 것)의 틀 안에서 사용된다는 사실을 감안하지 못하고 있다.

⑥ 기본적으로 모국어 화자와 비모국어 화자, 즉 태생적으로 영어를 할 줄 아는 사람들과 교육을 통해 영어를 배운 사람들로 나누고 있는데, 사용하는 언어의 질과 상관없이 첫 번째 그룹은 항상 두 번째 그룹에 비해 우월하다고 간주되어 왔다. 이 점이 최근 논쟁거리로 비화되고 있어서 앞으로의 연구에서 매우 중요한 주제로 부각되고 있다.

1장. 영어의 확산 과정

현재 전세계적으로 영어를 ENL, ESL, EFL 혹은 EIL로 사용하는 사람들의 숫자가 증가하고 있다는 점은 명백한 사실이다. 이번 장에서는 현재의 영어의 세계적인 확산에 역사적인 배경이 되는 두 차례의 영어의 확산 또는 **집단적 이산(디아스포라)**에 관해 논해 볼 것이다. 시초에 잉글랜드 지방의 남부와 동부에서 약 25,000명이 주로 미국과 오스트레일리아로 이주했던 것과 관계있는 **제1차 디아스포라**로 인하여 모국어로서의 영어에서 새로운 품종(a variety)[1)]들이 생겨났다. 반면에 아시아 및 아프리카에서의 식민지 건설과 관계된 **제2차 디아스포라**는 다수의, 가끔 '새로운 영어'라고 불리기도 하는 제2언어 품종들의 발달로 이어진다. 위에서 지적했다시피, 세계 영어를 깔끔하게 분류하기란 결코 쉬운 일이 아니기 때문에 이 제2언어들은 어느 정도 단순한 것들이라 할 수 있다. 그리고 역시 우리가 알고 있었듯이, 20세기에 들어와서, 처음에는 외국어로서의 영어(EFL)로서 그 다음에는 국제어로서 영어(EIL)의 사용이 놀라운 증가를 보임에 따라 전반적인 문제의 양상이 다양하게 변화되었다.

영어가 전세계적으로 확산되게 된 배경에는, 영국이 오랜 시간 동안에 걸쳐서 진행한 세계 지배의 역사적 배경이 밑바탕이 된다. 1900년대를 기점으로 영국의 전세계적인 지배 영역을 간략히 지도로 표현하

1) 본 저서에서 '품종'은 'a variety of English'(Jenkins 2009: 5)를 의미한다. 영어가 전세계적을 확산되면서, 뿌리내린 지역의 지리적 · 문화적인 특징들을 반영하여 새로운 종류의 영어가 탄생되었다는 의미에서, '품종'이라고 명명함을 밝혀둔다.

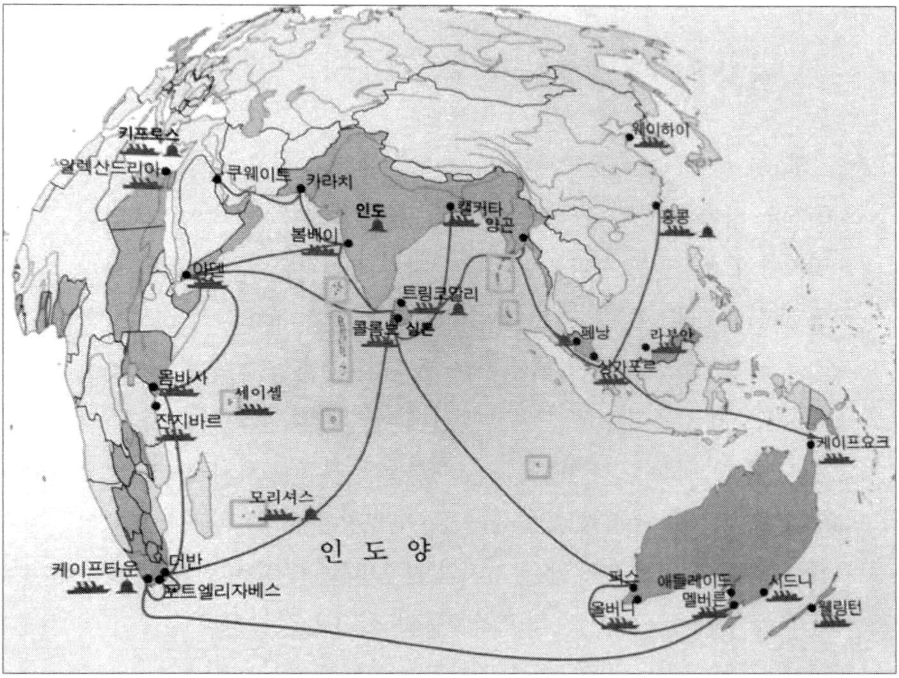

〈그림 1〉 1900년 영국의 지배 영역
(출처 : 지도로 보는 타임스 세계역사2, 2009:209)

면 〈그림 1〉과 같다.

〈그림 1〉에서도 알 수 있듯이, 1900년에 영국은 아메리카 대륙, 아프리카 대륙, 오세아니아 대륙, 아시아 대륙에 걸쳐서 많은 국가들을 지배하고 있었으며, 이러한 지배 영역이 곧 영어의 확산 과정과 밀접하게 연관되어 있음을 알 수 있다.

1.1 제1차 확산 과정: 영어 신세계로 이동되다.

제1차 디아스포라는 잉글랜드, 스코틀랜드 그리고 아일랜드 지방 출신의 영어 모국어 화자들이 비교적 큰 규모로 주로 북미, 오스트레일리아와 뉴질랜드 지역으로 이주한 사실과 연관된다. 그 이주민들과 함께 신세계에 상륙한 영어 방언들이 점차 발전하여 각각 오늘날의 미국식 및 오스트레일리아식의 영어가 되었다. 오늘날 북미와 오스트레일리아에서 쓰이는 영어는 그 옛날 식민지 개척자들이 쓰던 영어와는 다른 것으로서 그 언어들은 이주자들의 변화된 사회언어학적 상황과 또 변화를 멈추지 않는 사회언어학적 상황에 적응하면서 바뀌어 왔다. 그들이 식민지로 만든 지역의 원주민들, 즉 북미 인디안, 호주 원주민 또는 뉴질랜드의 마오리족들과의 접촉을 통하여 그들의 어휘가 확대된 점과 아메리카 원주민들의 어휘인, papoose, moccasin과 igloo 등이 북미 영어에 편입된 사실 등이 그 예이다.

〈도표 1〉 영어의 제1차 확산 과정 요약

〈미국〉

1584년 — 월터 롤리가 미국탐험대 원정

1607년 — 버지니아주 제임스타운 정착

1620년 — 메이플라워호 신대륙 상륙

1776년 — 미국 독립 선언

〈오스트레일리아〉

1770년 — 제임스 쿡이 퀸즈랜드에 상륙

1788년 — 제1함대가 뉴사우스웨일즈 상륙

1820년 — 자유이주민들이 도착 시작

1852년 — 죄수 호송이 끝날 때까지 약 160,000명이 수송

〈뉴질랜드〉

1790년 — 유럽의 무역업자들이 뉴질랜드 정착

1840년 — 와이탕이 영국-마오리 조약 체결

〈남아프리카공화국〉

1650년 — 네델란드 식민지

1795년 — 영국인들이 케이프타운 정착

1820년 — 영국인들이 대규모 이주

1822년 — 영어를 공식언어로 선언함

1860년 — 영어가 제2언어로 학습됨

1584년에 있었던 월터 롤리의 미국 탐험대는 비록 영구적인 식민지를 건설하는 데는 실패했지만, 브리튼 제도로부터 신대륙에 상륙한 최초의 원정대였다. 이 항해 탐험대는 로아노크 섬 부근의 노스캐롤라이나의 해안에 상륙했지만 인디안 원주민과 전쟁을 치르게 되고 후에 이곳에서는 기이하게도 목책 울타리와 나무에 새겨진 CRO라는 글씨만 남겨놓은 채 모든 사람들이 사라져 버린 사건이 발생했다. 1607년에 최초로 영구 식민지 건설을 이룬 이주자들이 버지니아 주 제임스타운에 정착했고(각각 잉글랜드 왕 제임스1세와 처녀여왕 엘리자베스1세의 이름을 따서 지은 것임), 그 뒤를 이어 1620년 메이플라워호를 타고 청교도들이 신대륙에 상륙했다. 나중에 들어온 이 청교도들의 무리는 더 북쪽에 상륙해서는 뉴잉글랜드 지역에 있는 지금의 매사추세츠 주의 플리머스 시에 정착했다. 두 곳 정착지는 급속히 확산됐고 그 뒤 수년간 더 많은 이주자들을 끌어들였다. 두 무리 간의

서로 다른 언어적 배경 때문에 두 이주민들 그룹 간의 말투는 확연하게 분명한 차이를 드러냈다. 버지니아로 이주해 온 사람들은 주로 잉글랜드 지방의 서부지역에서 왔는데, 그들은 자음 앞에 있는 /r/을 발음하고, /s/음을 유성음으로 발음하는 언어적 특징을 가지고 들어왔다. 반면에 뉴잉글랜드 지역 정착민들은 주로 잉글랜드 지방의 동부지역에서 왔는데 그들의 말투에서는 이런 특징들이 없었다. 17세기 동안 노예무역의 영향으로 인하여 영어 사용은 미국의 남부와 카리브제도까지 확산되었다. 노예들이 서부 아프리카로부터 실려와서는 미국과 카리브제도의 해안에서 설탕과 럼주와 교환되었다. 노예들끼리의 사이에서 그리고 노예들과 노예 포획자들 사이에서 사용된 영어는 원래 접촉 피진 언어였지만 그들의 다음세대가 출생하면서 피진 언어가 다음세대의 모국어로 사용됨에 따라 피진이 크리올로 발전되었다. 그 후 18세기에 북 아일랜드로부터 대규모 이민이 있게 되는데, 처음에는 필라델피아 주변의 해안가에 정착하던 것이 금세 남쪽과 서쪽으로 옮겨갔다. 1776년의 미국 독립선언 후에 많은 국왕파(영국 정부를 지지했던 영국이주자들)들은 캐나다로 건너갔다.

한편, 이에 견줄만한 사건들이 머지않아 오스트레일리아, 뉴질랜드 그리고 남아프리카에서 벌어지게 되었다. 제임스 쿡이 1770년에 오늘날의 퀸스랜드에 상륙하면서 오스트레일리아를 발견하고 1788년에는 제1함대(1,500명을 싣고 온 최초의 이주함대로서 그 중 절반은 죄수들이었다고 함)가 뉴 사우스 웨일스에 상륙했다. 그 때부터 1852년 죄수호송이 끝날 때까지 약 160,000명의 죄수들이 브리튼과 아일랜드로부터 오스트레일리아로 수송되었고 1820년대부터는 상당수의 자유이주민들이 도착하기 시작했다. 가장 많은 이주자들이 런던과 브리튼의 남동부지역에서 왔으나 이들 가운데 포함된 죄수들까지 딱히 이

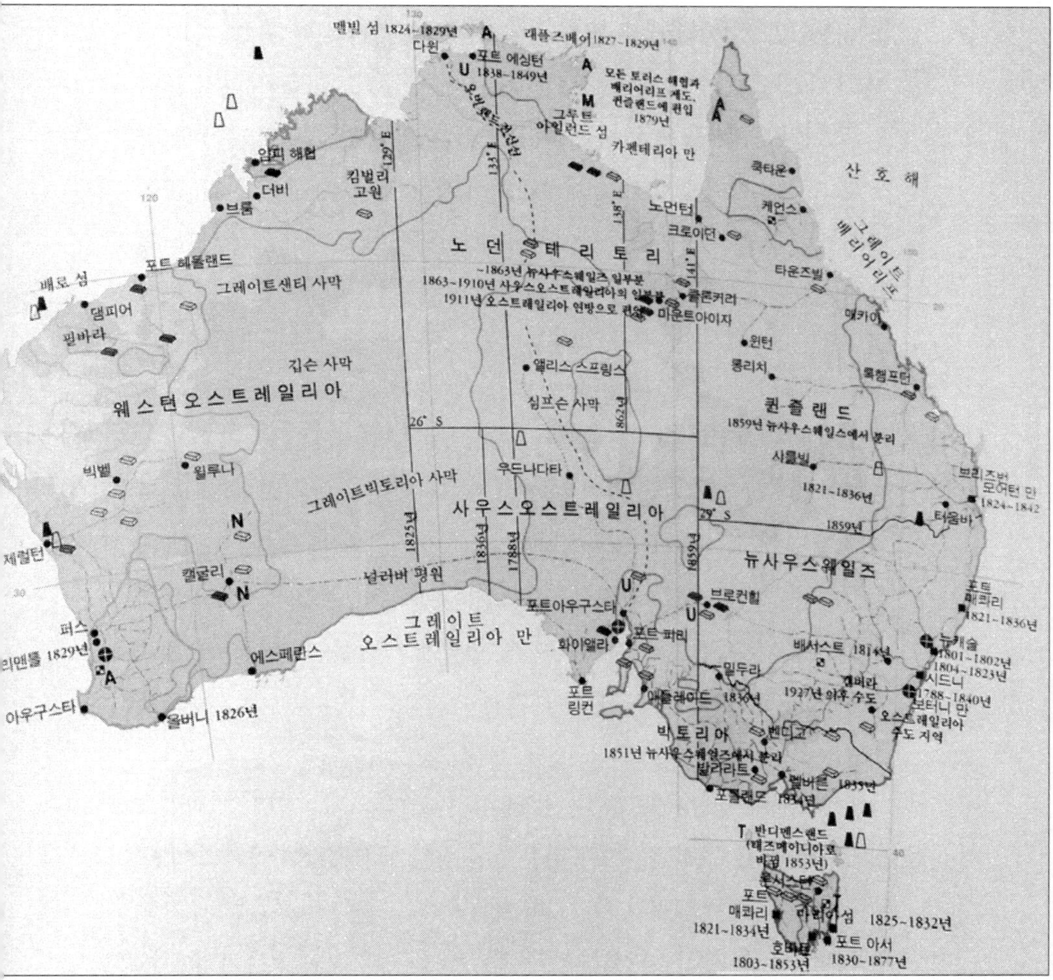

〈그림 2〉 오스트레일리아 정착과 발달

(출처: 지도로 보는 타임스 세계역사2, 2009:191)

지역 출신이라고 볼 수는 없었다. 이 가장 큰 그룹을 제외한 나머지 사람들은 서남잉글랜드, 잉글랜드 북서부의 랭카셔, 스코틀랜드 그리고 아일랜드와 같이 넓게 분산된 여러 지역들로부터 왔다. 그 결과 여러 가지 방언들이 서로 섞이는 상황이 전개되었고 이들은 다시 토착 원주민들의 언어들에 의해 영향을 받았다. 1840년 와이탕기 영국-마오리 조약이 체결될 때까지 뉴질랜드에 정식 식민지는 없었지만, 1790년대부터 유럽의 무역업자들이 이곳 뉴질랜드에 정착하고 있었다. 이후 이곳에 이주자들이 3단계로 나뉘어 도착했는데, 1840년대 및 1850년대에는 브리튼으로부터, 1860년대에는 오스트레일리아와 아일랜드로부터 왔다. 그리고 1870년부터 1885년까지는 영국 전역에서 왔는데 이 때 스코틀랜드인들이 그중 상당부분을 차지하고 있었다. 오스트레일리아의 경우처럼 방언들의 뒤섞임 현상이 있었는데 이 때 특히 어휘 측면에서 마오리 족의 영향이 아주 강하게 남아 있다. 오스트레일리아의 정착과 발달 과정은 〈그림 2〉에 잘 나타나 있다. 〈그림 2〉는 1820년대 이후로 오스트레일리아의 지역에 사람들이 정착하고 발달한 상황을 간단하게 나타내고 있다.

1650년대부터 남아프리카는 네덜란드인들에 의해 식민지화 되었으나 영국인들은 1795년 케이프타운을 점령할 때까지 남아프리카에 도착하지 않았고 1820년이 되어서야 대규모로 이주하기 시작했다. 아일랜드와 스코틀랜드 지방으로부터 제법 많은 수의 이주민들이 오기는 했지만 케이프타운 정착민들의 대다수는 잉글랜드의 남부지역으로부터 온 사람들이었다. 1850년대에는 남아프리카의 Natal 지역으로 이주민들이 들어 왔는데 이 당시에는 잉글랜드 중부의 자치주들, 요크셔주와 잉글랜드 북서부의 랭카셔 주로부터 왔다. 1822년에는 영어가 이 지역의 공식 언어로 선언되었는데 이때부터 영어가 흑인들과 아프리칸스어 화자들(이들 중 다수는 혼혈임)에 의해 제2언어로서 학습되었다. 그리고 1860년대부터는 이 지역으로 이주해 온 인도인들에 의해서도 제2언어로 학습되었다.

1.2 제 2차 확산 과정: 영어 아시아와 아프리카로 이송되다.

제 2차 디아스포라는 18세기와 19세기 동안 여러 지점에서 제1차 디아스포라 때와는 아주 다른 방식으로 진행되었고 그 결과도 많이 달랐다.

〈도표 2〉 영어의 제2차 확산 과정 요약

〈아프리카 지역〉

서 아프리카 : 시에라리온, 가나, 잠비아, 나이지리아, 카메룬, 리베리아
이 지역에서는 영어 사용자의 영구적인 정착은 없고 혼용어가 발달됨

동 아프리카 : 케냐, 탄자니아, 우간다, 밀라위, 잠비아, 짐바브웨 등에 영어가 확산됨

〈남 아시아 지역〉

1600년부터 인도, 방글라데시, 파키스탄, 스리랑카, 네팔, 부탄 등지에 영어가 확산됨

1765~1947 : 영국이 인도를 지배함

〈동남아시아 및 남태평양 지역〉

18세기 후반부터 싱가포르, 말레이지아, 홍콩, 필리핀에 영어가 확산됨

아프리카 식민지에서의 영어의 역사는 그것이 서아프리카냐 동아프리카냐에 따라 두 개의 유형으로 확연히 구분된다. 서부 아프리카

의 영어는 노예무역과 연계되어 있으며 또 피진어와 크리올어의 발달과도 관계가 있다. 15세기 후반부터 지속적으로 영국의 무역상들은 수시로 서부 아프리카의 여러 해안지역, 주로 잠비아, 시에라리온, 가나, 나이지리아와 카메룬 등지에 드나들어 왔다. 하지만 이 지역에는 어느 곳에도 영국식민지가 건설되지 않았고 그 대신 영어가 토착 원주민들(수 백 개의 현지 언어들을 가지고 있음) 사이 또는 원주민과 영국 무역업자 간의 국제어로서 채택되었다. 그 결과 영어는 이 다섯 나라들에서 공식적 위상을 얻게 되었고, 지금 Krio(크리오)어(시에라리온), 카메룬 피진어 등처럼 영어 접촉으로부터 발전한 피진어 및 크리올어들이 많은 사람들 사이에서, 특히 제2언어로서 사용되고 있다.

동아프리카와 영국 간의 관계는 서아프리카와는 다른 경로를 따라 정립됐다. 데이빗 리빙스턴을 위시한 수많은 탐험가들의 아프리카 탐험이 있은 뒤, 1850년대부터 케냐, 우간다, 탄자니아, 말라위, 잠비아 그리고 짐바브웨 등의 국가들이 영국의 식민지 개척자들에 의해 광범위하게 식민지로 정착되었다. 이들 6개국은 19세기 후반부터 20세기 초반에 걸친 기간에 걸쳐서 영국의 보호령이나 식민지가 되었는데, 영어가 이 나라들의 행정, 교육, 법률 같은 주요 제도 내에서 중요한 역할을 수행하였고 이들은 1960년대 초반부터 하나씩 독립을 쟁취하였다. 영어는 우간다, 잠비아, 짐바브웨와 말라위(Chewa(체와)어 병용)에서 지금도 공용어로 쓰이며, 비록 스와힐리어가 우간다, 케냐 그리고 탄자니아에서는 영어보다 더 많이 국제어 역할을 한다지만, 상당히 많은 사람들이 이 6개국 내에서 영어를 제2언어로 사용하고 있다. 〈그림 3〉은 1913년 유럽 강대국들의 아프리카 지배 영역을 나타내주고 있다.

비록 McCrum et al.(1992 : 356)이 새로이 창설된 동인도회사가 인도의 마드라스, 캘커타, 그리고 잠시 후에 봄베이에 진출하였던 1600년대부터 영국은 인도아시아대륙에서 발판을 굳혀 왔다고 지적하지만, 영어가 남아시아(인도, 방글라데시, 파키스탄, 스리랑카, 네팔 및 부탄)의 인도아시아대륙에 도입된 것은 18세기 후반의 일이다. 18세기 동안 동인도회사의 영향력은 점점 신장되어, 결국은 1765년부터 1947년까지의 영국통치시대(Raj로 알려져 있음)를 불러왔다. 이 시대에 매콜리 각서라는 특기할만한 사항이 있었는데, 이 각서에서 매콜리는 영어교육시스템을 인도에 도입할 것을 제안했고 그때부터 영어는 인도의 교육시스템의 중심언어가 되었다. 힌디어가 인도의 공용어로 채택된 오늘날

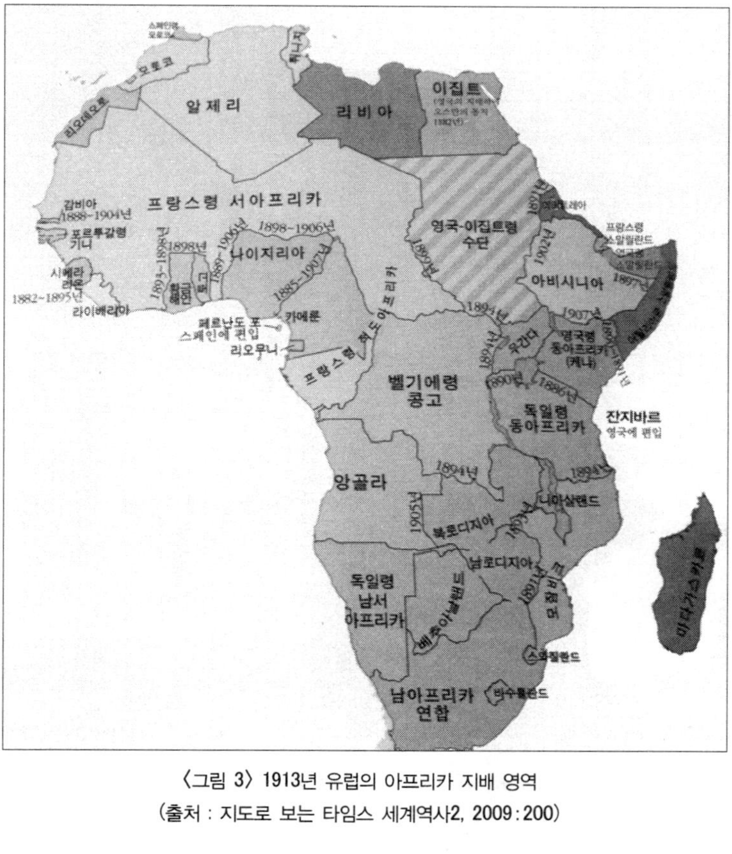

〈그림 3〉 1913년 유럽의 아프리카 지배 영역
(출처 : 지도로 보는 타임스 세계역사2, 2009 : 200)

에도, 영어는 중립적 공통어로서 힌디어와 나란히 준 공용어로 사용되고 있는데, 인도 특징화 과정을 거쳐 미국 영어와 오스트레일리아 영어의 특색과 비견할 만한 인도의 독특한 특성을 가진 영어로 발달했다. 〈그림 4〉는 1805년까지 인도에서 성장한 영국의 세력을 나타내준다.

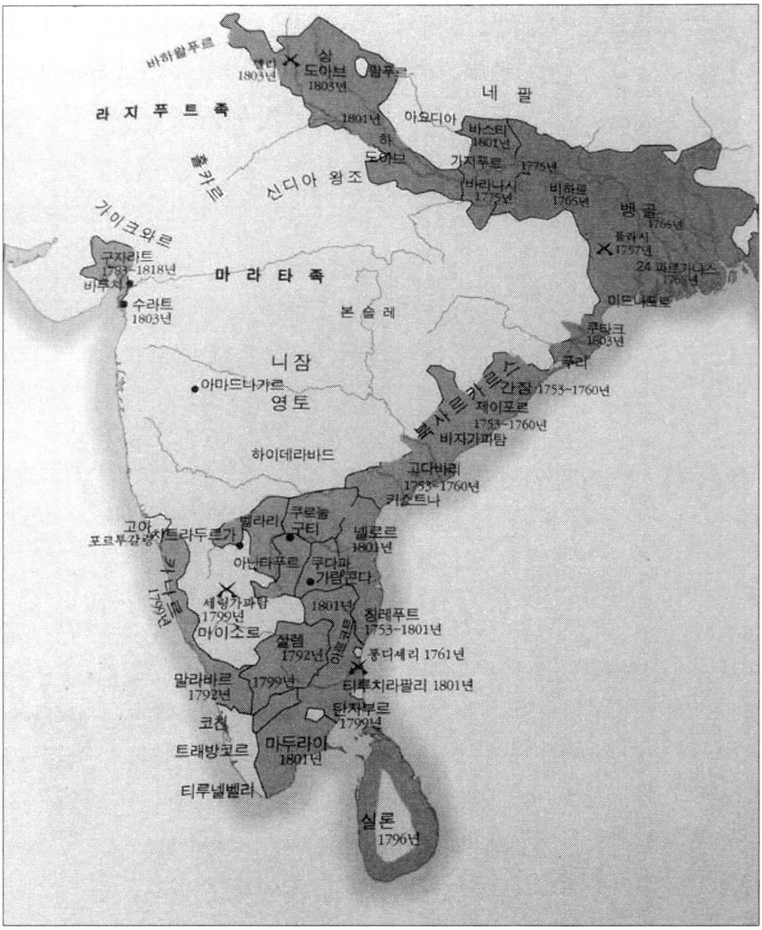

〈그림 4〉 1805년까지 인도에서 영국의 세력 성장
(출처 : 지도로 보는 타임스 세계역사2, 2009 : 63)

동남아시아 및 남태평양에서의 영국의 영향력 행사는 제임스 쿡을 위시한 많은 탐험가들의 항해 탐험에 힘입어 18세기 후반부터 시작되었다. 여기에 관련된 지역들은 싱가포르, 말레이시아, 홍콩과 필리핀이었다. 파푸아뉴기니도 짧은 기간 동안 영국의 보호령이었는데(1884년~1920년) 세계에서 가장 뛰어난 영어 기반 피진어 중 하나인, 톡피진(Tok Pisin)을 보여준다.

'스탬포드 래플즈'라는 이름의 인사는 동남아지역에서의 영국 식민정책과 가장 밀접히 관련되었던 사람이다. 그는 영국 동인도회사의 관리자로서 1819년 영국 식민지 왕국의 일부가 되는 싱가포르를 건설하는 데에 중요한 역할을 수행했다. 또 다른 영국의 식민 거점들이 이와 거의 비슷한 시기에 말레이시아(예컨대 페낭과 말라카)에 건립되었다. 그리고 1842년에는 홍콩에도 영국의 식민지가 건설되었다. 19세기의 끝자락에 벌어진 미국-스페인 전쟁의 결과로 미국의 필리핀에 관한 통치권이 인정되어, 비록 1946년에 필리핀은 독립을 얻었지만, 미국식 영어의 영향이 필리핀에 강하게 남아있게 되었다. 싱가포르에서는 최근 수년전부터 영어의 사용이 증가하고 이 지방 특유의 변종 영어가 나타나기 시작한 반면, 말레이시아에서는 영어의 사용이 감소하였는데 이는 말레이시아가 1957년에 독립하면서 지역 언어인 Bahasa Malaysia를 말레이시아의 국어와 교육의 매체로 채택했던 결과였다. 그 후로도 영어는 학교에서 필수 교과목으로 인정되었지만 이제는 국제적 의사소통에서만 이용가치가 높은 것으로 여겨지게 되었다. 그렇다고는 해도 2003년부터 영어를 매체로 하는 교육이 재도입되는 등 일련의 정책 변화가 최근 일고 있고 이런 사태 진전이 있기 전에도 말레이시아인 청취자들을 위한 라디오 방송에서 영어와 바하

사 말레이시아를 같이 쓰는 등 주목할 만한 상황이 발생해 왔다. 오늘날에는 말레이시아와 이웃하고 있는 다른 아시아 국가들에서도 영어를 배우고 있는데 그 중 타이완, 일본, 한국 등이 주목되며, 그 중에서도 한국과 일본은 최근에 들어 영어를 제2공용어로 지정하는 일에 대한 가능성을 검토하기 시작했다. 1750년부터 1900년 사이의 기간 동안 제2차 디아스포라와 관련된 영어사용 식민지들은 모두 3가지의 주요 변화를 겪었다. 1750년까지는, Strevens(1992 : 29)가 지적한 바대로, 영국 이주자들은 그들 자신을 '국외에서 생활하게 된 영어 사용자들'이라고 생각했다. Strevens는 1750년 이후 다음의 변화가 있었다고 주장하였다.

첫째, 해외에서 새로운 양식의 영어를 쓰는 이주자들의 인구수는 규모가 상당히 커져서, 정부(비록 식민지 정부이기는 하지만)를 가진 국가들이 되었다. 그리고 그에 따라 이들의 독립적 주체감이 신장되었고 이것은 그들 나름의 독특한 영어 출현으로 이어졌다. 둘째, 우선 미국에서부터 나중에는 오스트레일리아와 다른 나라들에서도 식민지들이 영국으로부터 독립을 얻기 시작했고 언어적 차이의 정도가 아주 커졌다. 셋째로, 국가가 부를 축적하고 번영함에 따라 꽤 많은 비원어민 영어 화자들은 생존의 차원에서 또는 지배계층의 위상을 차지하기 위해서 영어 사용법을 배워야만 했다.

이러한 영어들이 공유하는 역사와 이들이 가지는 영국식 또는 미국식 영어와의 밀접한 관계 때문에 이런 영어들 사이에는 공통점이 많다. 그러나 또한 각 품종마다 독특함도 많이 있는데 특히 어조를 놓고 볼 때 더욱 그렇다. 어조 측면에서 이들 각 종류의 영어가 저마다의 독특함을 많이 가진 것이 사실이지만 어휘의 관용적 용법이나 문법의 적용 그리고 담화 전략 등에서도 저마다의 독특함을 지닌다. 1945년 이후 남아있던 거의 모든 식민지들은 독립국이 되었는데, 내부적으로 다양한 기능을 수행하기 위하여 또는 중립적 공통어로서의 역할을 담당하기 위하여 영어는 이들 국가들 내부에서 계속 사용되었다.

연구과제

1. 영어의 제1차 확산 과정의 특징을 설명하시오.
2. 영어의 제2차 확산 과정의 특징을 설명하시오.
3. 다음의 용어를 설명하시오
   ① ENL ② ESL ③ EFL
   ④ EIL ⑤ ELF
4. 동아프리카와 서아프리카에서의 영어 발달 과정의 차이점을 설명하시오.

2장. 영어의 확산 모형

영어의 확산 과정에 대한 설명 중 가장 영향력 있는 모델은 〈그림 1〉에 제시되어 있는 Kachru(1992:356)의 모형이다. 앞 절에 기술된 삼자 범주화와 일치되게 Kachru는 세계 영어를 중심이 같은 3개의 동심원, 즉 중심적 원, 외부의 원 그리고 확장된 원의 세 범주로 나누었다. 영어가 제1차 확산 과정 때 영국으로부터 영어를 모국어로 사용하는 다른 국가들(the Inner Circle: 내적 범주)로 전해지고 제2차 확산 과정 때는 제2언어로서 영어를 사용하는 국가들(the Outer Circle: 외적 범주)로 전해지고 더욱 최근에는 외국어로서 영어를 사용하는 국가들(the Expanding Circle: 확장 범주)로 전해짐에 따라, 그 세 개의 원들은 언어 확산의 유형, 언어 습득의 틀 그리고 다양한 문화적 배경에서의 영어의 기능 배분을 나타내고 있다. 내적 범주에서 사용되는 영어는 규범을 제시하는 영어로 평가되고, 외적 범주에서 사용되는 영어는 규범을 발전시키는 영어로 평가되며, 확장 범주에서 사용되는 영어는 규범에 의존적인 영어라 평가된다. 즉, 영어의 규범은 ENL 화자들에 의하여 결정되며, 영어의 ESL품종은 제도화되어 그들 나름의 규범을 발달시키는 반면, EFL품종은, 이 모델에서는, 아무런 공식적인 지위가 없이 운용되는 품종으로 간주되고 그래서 내적 범주의 모국어 화자들에 의해 정해진 규범에 의존하는 것으로 구분된다.

Kachru는 이 전 세계적인 영어 사용이라는 사회언어학적 현실의 영향은 인식되지 않았고 그 대신 그러한 태도와 힘과 경제가 영어 정책

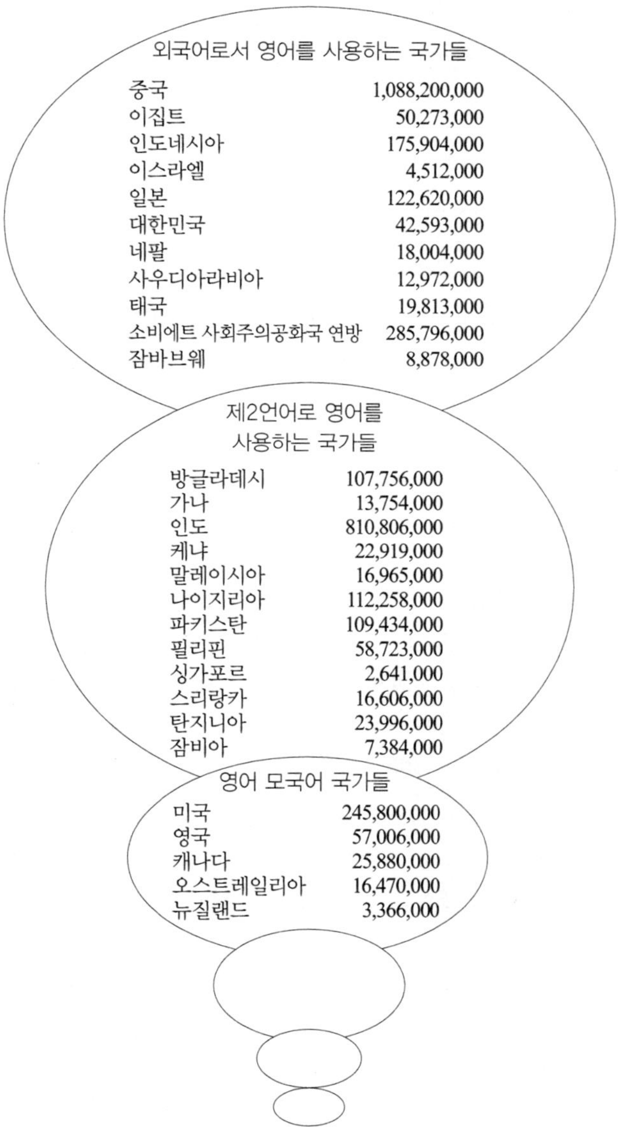

〈그림 1〉 Kachru의 세계영어의 모형

(출처: Kachru(1992:356)/Jenkins(2003:16)/박경자 외(2013:213))

에 영향을 주도록 허용되어 왔다고 주장한다. 그의 주장에 의하면, 전 세계의 다양한 문화 속의 영어 사용자와 영어 사용에 대한 여러 가지 인식 오류들이 이 같은 상황을 조장하였다는 것이다.

Kachru 자신을 포함한 많은 학자들이 아직도 21세기 초의 세계영어에 대한 표준 모형이라 일컬을 만큼 막강한 영향력을 가졌지만, Kachru의 모형에도 문제점으로 지적되는 사항들이 있다. 그들 중 일부는 영어 사용과 사용자들을 3자 범주화하려는 의도와 관련되는 반면 또 어떤 것들은 최근의 영어 사용상의 변화와 관련된다. 그 중에서 비교적 심각한 문제점들을 꼽아 본다면 다음과 같다.

- 이 모형은 화자들이 찾아내서 영어를 사용하는 방법에 근거하지 않고 지리학과 유전학에 근거한다. 어떤 외적 범주의 영어 사용자들은, 예를 들어 싱가포르의 영어 사용자 중 일부는 영어를 모국어로(가끔은 그들의 유일한 언어로) 사용한다. 한편으로는, 확장 범주의 화자들 중 많은 사람들이, 영어 모국어 화자는 물론, 자신의 나라의 영어 비모국어 화자를 포함한 다른 언어 사용자들을 상대로, 자신의 국가 안이거나 해외이거나를 가리지 않고, 사회적 목적을 위시한 아주 다양한 목적으로, 영어를 사용한다.
- 내적 범주와 외적 범주 사이에 가끔 애매한 영역이 존재한다. 즉, 외부 범주의 나라들 중 어떤 나라에서는 영어가 많은 사람들의 모국어로 가르쳐지고 교육, 법률 및 행정 영역의 공식적 목적이 아니라 가정내의 언어로 영어가 사용되기도 한다.
- 외적 범주와 확장 범주의 사이에서도 애매한 영역이 확장되어 가고 있다. 아르헨티나, 벨기에, 코스타리카, 덴마크, 수단, 스위스 등을 포함한 약 20개의 국가들이 EFL국가에서 ESL국가로 그 지위가 바뀌고 있다.
- 많은 세계 영어 화자들이 일상생활에서의 다양한 기능들을 여러 가지 언어를 이용하여 수행하기 위해 이중언어 또는 다중언어를 사용한다. 이들에게는 어떤 하나의 언어를 그들의 언어 목록에서 모국어, 제2언어, 제3언어 등으로 규정하기가 어렵다.

- 이 모형을 가지고는 영어 숙달도의 면에서 화자들 사이의 분명한 경계를 짓기가 어렵다. 모국어 화자가 어휘력이 빈약하고 문법 실력도 약할 수 있는 반면에, 비모국어 화자가 어휘력이 풍부하고 문법 실력이 우수할 수도 있다. 영어가 어떤 사람의 제2언어 또는 제3언어라는 사실만으로 그들의 능숙도가 모국어 화자보다 부족하다고 할 수는 없는 것이다.
- 이 모형은 특수목적의 영어(예; 과학영어와 공학영어)에는 적합하지 않는다. 이런 영역 내에서는 화자가 어느 원의 범주에 속하는가에 상관없이 영어숙달도가 비슷할 것이다.
- 이 모형은 사실이 그렇지 않음에도 불구하고, 특정 범주에 속하는 모든 국가가 한결같은 상황에 처해있는 것처럼 시사한다. 내적 범주에 속한 국가들 조차도 언어의 다양함을 가진 정도가 나라마다 다르다(예컨대, 영국보다 미국에 다양성이 훨씬 더 많다). 외부 범주에 속하는 국가들의 경우에는 여러 가지 면에서 나라마다 상황이 다른데, 예를 든다면, 인도처럼 영어가 엘리트층에 의해서만 사용되는 나라가 있는가 하면 싱가포르처럼 대중적으로 널리 보급된 나라가 있기도 하고 또 방글라데시에서처럼 단일 품종의 영어만 사용하는 단일 모국어 화자 그룹이 있는가 하면 인도에서처럼 다양한 종류의 영어를 서로 다른 여러 개의 모국어 화자 그룹들이 사용하는 경우가 있다.
- 마지막으로, 내적 범주라는 용어는 세계에서 그들의 영향력은 실제적으로 감소하고 있음에도 불구하고, 영어를 모국어로 사용하는 국가들 출신의 화자들이 노력의 결실의 중심에 서게 된다는 것을 시사한다.

많은 다른 학자들이 영어의 확산에 대한 다른 설명 및 그 모델들을 제시했는데, 그 중 어떤 것들은 더욱 최근의 발달 추세를 감안함으로써 Kachru의 모델을 개선하려는 의도로 제시되었다. 예를 들어 Tripathi(1998 : 55)는 제3세계국가들은 ESL과 EFL 구분을 대신하는 독립된 범주로 간주해야 한다고 주장한다. Yano(2001 : 122-124)는 외적 범주의 많은 영어 품종들이, 자신들에게도 모국어 화자들이 가진 직관이 있다고 여기는 사람들에 의하여 확립됐다는 사실을 감안하기 위하여 Kachru의 모델은 수정돼야 한다고 제안한다. 그래서 그는 "내적 범주'는 '유전적인 모국어로서의 영어'로 그리고 "외적 범주"는 '실용적인 모국어로서의 영어'로 주석을 붙이자고 제안한다. 또한 그의 모형은 상류언어는 국제적 의사소통과 의례적이며 공공적인 국가 내부적 대화를 위한 것이고 하층언어는 비공식적인 국내 대화를 위한 것이라고 규정하면서, 영어의 상류층언어(표준)와 하층비어(구어체)라는 사회적 방언 개념을 감안하고 있다. 국제적 의사소통을 위한 하층비어의 사용이 점점 더 일반화되고 있는데도 하층비어의 국제적 사용의 가능성을 허용하지 않는다는 점에서 이러한 주장은 다소 모순점을 포함하고 있다.

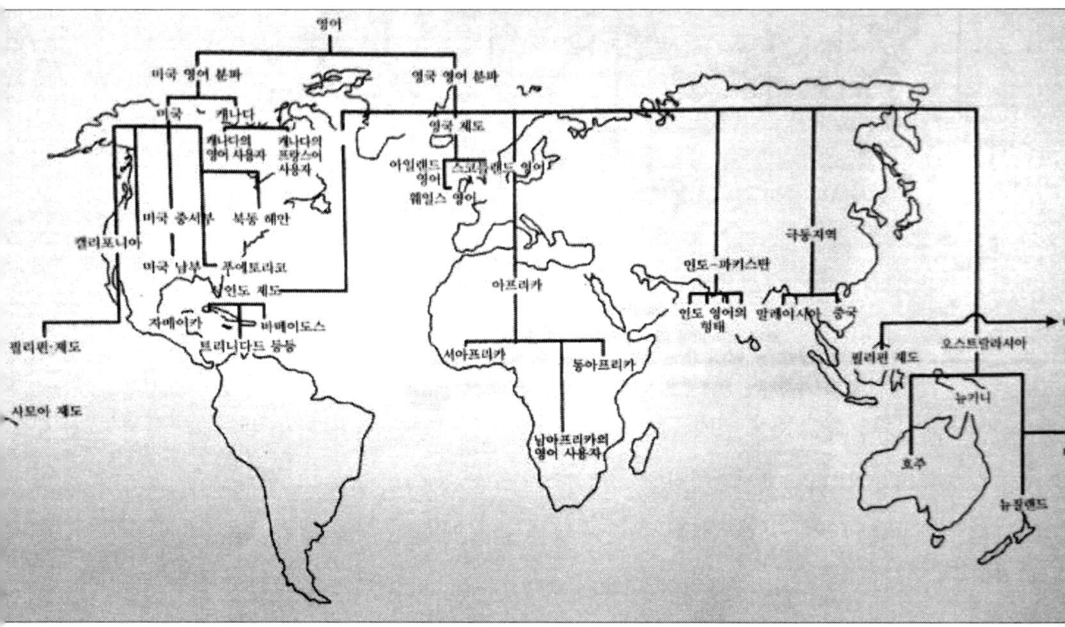

〈그림 2〉 Strevens의 영어 세계지도
(출처: Strevens(1992 : 33)/박경자 외(2013 : 215))

그 반면에 모국어 화자에 대한 정의 규정에서 유전적 요소를 배제한 시도는 환영받을 만하다.

Kachru의 세 개의 원보다도 앞서 나온 가장 오래된 영어확산에 관한 모형은 Strevens의 것이다. 미국 영어는 영국 영어와 구별되는 이질적인 품종이 돼 버렸고, 이 둘을 뒤따라 나온 모든 영어는 둘 중 어느 하나와 밀접하게 연관된다. 〈그림 2〉가 보여주듯이 1980년에 처음 발표된 Strevens의 영어 세계지도에는 이 두 주종 영어와 세계의 여러 영어들이 관계되는 방식을 보여주는, 나무를 뒤집어 놓은 것 같은 모양의 도표가 겹쳐 그려져 있다. 또한 1980년대의 후반에 McArthur와 Görlach가 새로운 원형 모양의 영어 모델을 제시했다; McArthur(1987)의 '세계영어의 원'과 Görlach의 '영어의 원형모델'. 이 두 가지 모형은 여러 가지 방식에서 비슷하다. Görlach의 원형은 그 중심 원에 '국제 영어'를 배치하고 그 바깥 방향의 첫 번째 원에 지역적 기준 영어들(아프리카 영어, 호주 영어, 영국/캐나다 영어, 카리브해 지역 영어, 남아시아 영어, 미국 영어 등)을 배치한 후, 그 다음의 바깥 원에 인도, 아일랜드, 케냐, 파푸아 뉴기니 같은 보다 작은 지역의 기준 영어들을 배치하였다. 그러고 나서 그 다음에는 오스트레일리아 원주민 영어, 자메이카 영어, 요크셔 지역 방언 같은 비표준 영어들을 놓고 마지막으로 맨 바깥 원의 테두리 너머에 카메룬 피진 영어와 톡피진 같은 피진어 및 크리올어들을 배치하였다.

〈그림 3〉에서 알 수 있듯이 McArthur의 '세계영어의 원' 모형에는 Görlach의 '국제 영어'와 같이 실제 확인되는 형태로 존재하는 것이 아닌 '세계기준 영어'가 그 중심 원으로서 위치한다. 그 다음 바깥쪽의 원

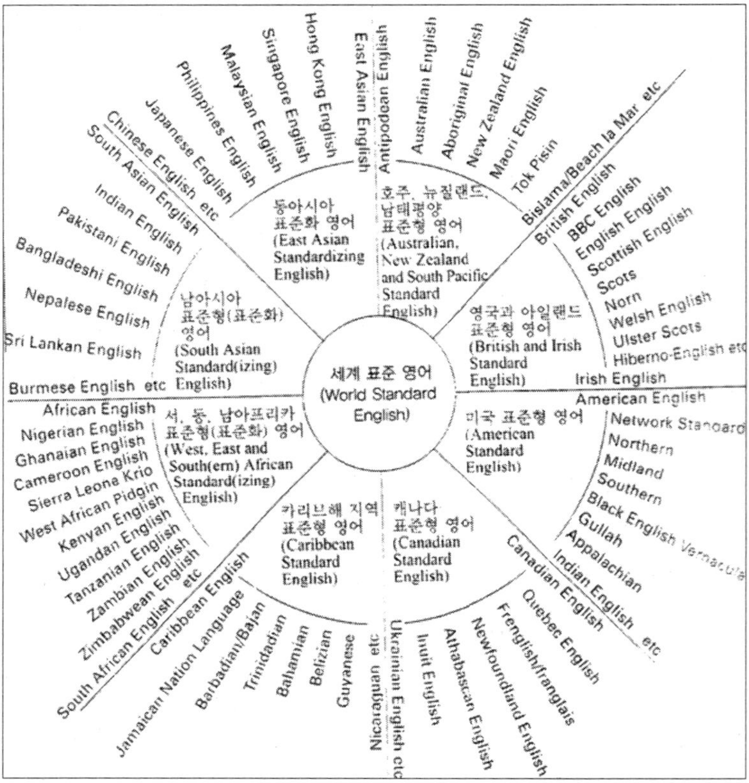

〈그림 3〉 McArthur의 세계 영어의 원
(출처: Crystal(1995:111)/박경자 외(2013:217)

에는 표준형 또는 표준화하는 형태 모두가 포함된 한 무리의 지역별 기준 품종 영어들이 포진한다. 그리고 바퀴살 모양의 선으로 세계 영어 품종을 8개로 나눈 이 원 너머로 McArthur(1987)가 혼잡한 외변의 변종들이라고 기술한, 호주 원주민 영어, 흑인 사투리 영어(현재는 아프리카계 미국인 특유의 영어 또는 흑인영어라고 알려짐), 걸러어, 자메이카 국어, 싱가포르 영어와 북아일랜드(울스터 지방)의 스코틀랜드어 같은 말들이 배치되어 있다.

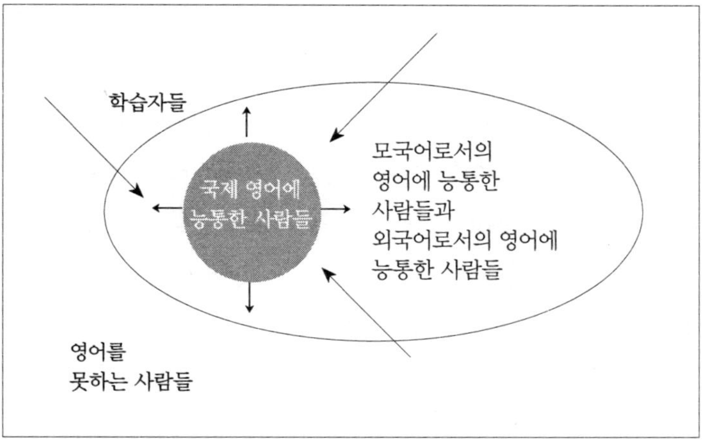

〈그림 4〉 Modiano의 국제영어의 구심적 원들
(출처: Modiano(1999 : 25)/Jenkins(2003 : 20)/박경자 외(2013 : 218))

〈그림 4〉의 Modiano(1999)의 모델은 훨씬 더 최근에 세계영어 확산의 발달상을 고려하여 시도된 것이다. 그는 완전히 역사적 · 지리적 배경을 기초로 하여 분류하는데, 화자들이 모국어 화자인가 아닌가는 상관하지 않고, 대다수의 능통한 영어 화자들이 상호 이해할 수 있는가에 '국제 영어의 구심적 원들'의 기반을 두고 있다. 국제영어에 능숙한 사람들이 중심의 원을 구성하는데, 이 원을 구성하는 화자들은 영어가 국제어로서의 역할을 담당하는 다문화 간의 의사소통에서 기능을 발휘하는 사람들이다. 그들은 영어의 원어민이면서도 비원어민 같다. 이렇게 말할 수 있는 기준은 능숙함 자체에 있는 것이 아니라 그들이 강한 지역 말씨나 방언을 사용하지 않는다는 데에 있다. Modiano의 이 모형에서 그 다음 바깥 원을 구성하는 무리는 국제 언어로서보다는 모국어나 제2언어로서의 영어를 능통하게 구사하는 사람들이다. 바꾸어 말하면 다른 모국어 화자들(영어를 모국어로 공유

하는 사람들)이나 그들과 같은 제1언어 배경을 가진 비모국어 화자들과 영어로 의사소통을 잘하는 사람들이다. 세 번째 원은 영어학습자들 즉 아직 영어가 능숙하지 못한 사람들로 구성되며 이 원의 바깥에 오는 마지막 무리는 영어를 전혀 못하는 사람들이라고 표현된다.

수개월 뒤에 Modiano는 그의 첫 모델에 대한 반발성 논평들에 반응하여 그의 견해를 재구성했다. 이번에 그는 영어의 모든 품종에 공통으로 존재하는 영어의 특성에 기초한 모델을 제시하기 위하여 명료함 자체로부터 벗어난다. 이번 모델의 중심에는 영어 모국어 화자들 대다수와 역량 있는 비모국어 화자들이 이해할 수 있는 특성들의 핵심인 EIL이 있다. 두 번째 원은 국제적으로 흔해지거나 분명하지 않은 상태로 빠질 수 있는 특성들로 이루어진다. 마지막으로 좀 더 밖의 지역은 5개의 그룹들(미국 영어, 영국 영어, 여타 주요 영어 품종, 지역적 영어 품종, 외국 품종)로 구성되는데 각 그룹은 그들 자신의 대화공동체에만 있고 다른 4개 그룹들의 구성원들 대다수는 이해할 수 없는 특색들을 가진다.

연구과제

1. Kachru의 3범주 모형의 특징을 설명하시오.
2. 다음의 용어를 설명하고, 각 범주에 속하는 국가들을 제시하고, 그 국가들 내부에서 활용되는 영어의 특징을 설명하시오.
   ① Inner Circle ② Outer Circle ③ Expanding Circle
3. 다음 영어의 확장 모형에 대해서 그 특징을 간단히 기술하시오.
   ① McArthur 모형 ② Modiano 모형

3장. Global English의 특징

3.1 세계공영어

지난 반세기동안 영어만 국제화된 것이 아니라 영어와 관련된 학문들도 역시 국제화되었다: 영어에 대한 관심의 소유권이 국제화되었다는 뜻이다. 이제 우리는 더 이상 하나의 국가 공동체하고만 관련이 있는 언어 공동체가 아닐뿐더러 영연방(common wealth)이 멸망했던 것 같은 가족형 국가 연합과 관련된 언어 공동체도 아니다. 우리는 국제적 공동체이다(Brumfit, 1995: 16).

Brumfit의 글에서 따온 이 인용문은 영어가 교육되고 사용되는 방식과 관련하여 지난 20세기 후반에 일어났던 변화와 21세기의 출범과 함께 앞으로 전세계적인 영향을 끼칠 변화들을 간결하게 요약하고 있다. 이번 장에서 우리는 먼저 왜 영어가 세계의 중심적인 국제어로서 역할을 맡게 되었는지 생각하고 이어서 이런 역할에 비추어서 우리가 고심해 봐야 할 가장 심각한 쟁점들에 대해 생각해 볼 것이다.

왜 영어가 국제어인가?

20세기 중반까지는 과거의 영국 식민지들 대부분이 독립국이 되었는데, 그럼에도 불구하고 그 나라들은 다양한 국가 내부적 기능들을 영어를 계속 사용하며 수행했다. 그래서 과거 식민지 시대의 위세 덕분에 영어는 이미 국제 사업경영과 무역 분야에서 주축 언어가 될 위치를 충분히 마련해 두고 있었다. 그러나 식민지들이 독립하고 난 뒤

영어는 외적 범주의 국가들에서 제 2언어로서 사용되는 경지를 넘어, 영어가 공식적인 내부기능을 수행하지 않는 확장 범주의 많은 국가들에 의해서까지 국제 공통어로 채택된 정도로 넓게 확장되었다.

Crystal(1997)은 오늘날 영어가 누리고 있는 국제적 위상을 두 가지의 요인에 의해 생겨난 결과라고 설명하면서 그 중 첫째 요인은 과거 식민지 시대의 영향이라고 주장했는데 이에 대해서는 이미 언급된 바가 있다. Crystal은 20세기가 끝날 때까지 영어의 국제적 위상을 지켜주었고 또 20세기가 지나서도 영어의 영향력이 지속되도록 보장해 줄 미국의 경제력을 그 두 번째 요인으로 지적한다.

영어가 오늘날 누리는 세계적 위상은 주로 두 가지 요인에서 비롯된 바, 19세기 말 경 절정을 누렸던 영국 식민제국의 팽창과 20세기의 선두 경제대국인 미국의 등장이 그것이다. 후자의 요인은 영어가 오늘날의 중요한 위치를 누릴 수 있게 뒷받침 해 주는 이유로 계속 작용하고 있다(Crystal, 1997).

공통어를 갖는다는 것은 우리가 하나의 공동체를 형성하고 그 구성원이 되었다는 소속감을 갖도록 만들어준다. 영어를 안다는 것은 지식의 자료에 접근하는 능력을 기르는 데만 그 가치가 있는 것이 아니라, 그것이 세계의 다양성을 수용하고 존중하도록 만들어 줄 가능성을 갖는다는 데에 더 큰 가치가 있다. 영어는 전 세계에 걸친 시민들 간의 유대를 넓히고 널리 확장시켜서 우리로 하여금 시민 사회단체들 간 세계적 교류와 결속을 향하여 전진할 수 있도록 해 준다.

이런 이유로 영어를 국제어로 여긴다는 것은 또한 소위 '지구시민권'이라 일컬어지는 바의 위치를 강화시켜줄 수 있는 일이기도 하다(ELT Journal 55/3, July, 2001: 297).

그럼에도 불구하고 현재는 영어가 비원어민 화자들끼리의 의사소통에서 더욱 더 많이 활용되고 있으므로, 국제어로서의 영어 - 또는 공통어로서의 영어 - 는 당분간은 어쩔 수 없는 현실이다. 마침내 영국 언론매체들이 영어 원어품종과 다른 비원어민 화자들 나름의 용법들 모두를 잘못된 것으로 폄하하던 입장에서, 그들의 용법을 그들 자신의 권리로 용인해 주어야 한다는 것으로 바뀌는 등 제 2언어로서의 영어가 처해 있는 위와 같은 상황이 시사하는 바를 영국 언론에서도 다루기 시작하고 있다. 영국 신문 'The Observer'는 "영어 확산에 일조하는 외국인들의 영어"라는 제목의 기사에서 "미국의 라틴계 남자 가수 Ricky Martin이나 여배우 줄리엣 비노쉬처럼 유창한 영어를 구사하는 외국인들의 확연한 외국인 악센트가 배어 있는 영어가, 영국 영어나 미국 영어가 누리던 지배적 위상을 넘보고 있다(29 October, 2000: 1)." 이런 주장을 피력했던 기자는 계속해서 다음과 같은 보도를 내는 바람에 그의 논리적 근거는 완전히 힘을 잃게 되었는데, 그 보도 내용에는 "교육고용장관은「화요일」재계 지도자들과의 회합에서 원어민으로서의 이점을 이용하라고 말할 것이다"라는 것과 "영어를 국제 공통어로 만들자는 운동은 토니 블레어 영국총리가 직접 주도하였으며「블레어계획」이라고 알려져 있다"는 것이 담겨져 있다. 영어가 국제 공통어인 한 영어는 당연히 그 원어민에게만 유리하게 작용해서는 안 되고 또 그들에 의해 지배되어서도 안 되는 현상을 입증하고 있는 것이다.

3.2 영어의 위상

Crystal(1997)은 영어가 모국어가 아닌 화자들이 왜 영어를 학습해야 하는 이유를 다음과 같이 제시하고 있다.

1. 역사적 이유

영국 또는 미국의 역사적인 지배 유산 때문에 그 나라의 주요기관들이 그들의 업무를 영어로 수행해야 하는 경우들이 있다. 이 기관들에는 통치의사기구(예, 의회), 정부기관들, 공무원조직(고위급이상), 법원, 국가종교기관, 각급학교들, 상위의 교육기관들, 각 기관들과 관련 출판물 등이 함께 포함된다. 최소한의 어느 정도까지는 모든 외적범주의 국가들이 이에 해당된다.

2. 내부 정치적 이유

영국 또는 미국의 식민지의 전력이 있는 나라에서나 또는 없는 나라에서나 영어는 인도의 예에서처럼 서로 다른 민족들 간의 의사소통에 있어서 중립적인 수단을 제공하는 구실을 한다. 또 독특한 지방의 영어 품종은 국가 통일의 상징이 되거나 신생 독립국의 상징이 되기도 한다. 신문, 라디오 또는 텔레비전에서의 영어 사용은 그 이상의 차원을 더해준다.

3. 대외 경제적 이유

미국의 막강한 경제적 위상은 국제적 사업과 무역 분야에서 모든 사람들의 관심을 끄는 존재로 작용하고, 국제적인 시장개발을 원하는 기업들은 영어로 일을 해야 하는 상황에 직면하고 있다. 관광과 광고산업은 특히 영어 의존적인데, 모든 다국적기업들은 주요 영어사용국들에 사무실을 설립하는 것을 희망한다.

4. 실용적 이유

영어는 국제 항공 교통관제 업무에서 쓰이는 언어이고, 현재는 국제 해상경찰 및 긴급구조대의 업무에서 그 역할을 확대해 나가고 있다. 영어는 국제적 사업경영이나 학술회의에서 주요한 언어이고 국제관광분야의 주요 언어이다.

5. 과학기술적 이유

이 세계의 거의 모든 과학, 기술 및 학술정보는 영어로 표현되며 전자정보검색시스템에 저장된 모든 정보의 80% 이상이 영어로 구성되어 있다. 직접적으로나 영어번역이라는 매체를 통해서 서유럽의 철학, 문화, 종교사 및 문학사에 접근하고자 하는 학문적 호기심도 영어와 밀접한 관련이 있다. 전 세계 모든 국가에서 대다수의 국민이 괴테나 단테 같은 작가들을 만나볼 수 있는 방법은 영어를 통해서이다.

6. 오락적 이유

영어는 대중음악에서 가장 중요한 언어이며 대중문화와 그 관련 광고에 스며들어 있다.

또한 영어는 또 위성방송, 가정용 컴퓨터와 비디오게임에서도 주된 언어이며 외설물, 마약 같은 국제적 불법행위의 주요 언어이기도 하다. 많은 나라에서 영어를 잘 하는 사람에게는 더 높은 사회적 위상을 부여해 주는 것이 일반적인 현상이기 때문에, Crystal이 열거한 주요 요인들에다가 개인적으로 유리하게 작용하는 점, 개인적 위신, 명망을 획득하는 것이 영어를 배워야 하는 요인으로 덧붙여질 수 있다.

7. 상호명료도와 집단 정체성 간의 갈등

영어가 세계의 국제 공통어로서의 역할을 담당해야 한다면 영어를 모국어로 사용하는 모든 국가 출신의 화자들끼리 또는 필자들끼리 영어로 의사소통을 원할 때의 상호명료도를 영어가 확립해 주어야 하는 것은 당연한 일이라 하겠는데 그러한 상호명료도 확립에 가장 큰 장애물은 정체성이다. 왜냐하면 Crystal이 지적한 바와 같이 명료도에 대한 욕구와 정체성에 대한 욕구는 국민들이나 국가들을 자주 서로 반대 방향으로 끌어당기기 때문이다. 이것은 참으로 쉽게 해결할 수 없는 문제이다. 국제어로서 영어를 쓰는 영어 모국어 집단들의 수가 늘면 그들 영어들간의 차이의 범위가 어쩔 수 없이 커진다는 것이다. 이런 차이는 특히 구어체에서 뚜렷하고 모국어 전이가 발음부분에서 영향력이 가장 크기 때문에 다른 언어 단계들보다 발음 측면에서 차이가 더욱 뚜렷하다.

상호명료도의 요구란 서로 다른 모국어 환경을 가진 화자들 간에 말씨의 차이를 줄이고자 하는 욕구를 가리킨다. 그렇지만 이것은 반드시 제2언어권 학습자들에게 원어민 말씨를 모방하라고 격려해야 한다는 뜻은 아니다. 말씨(악센트)는 개인과 집단의 정체감에 밀접하게 관련되어 있다. 그것은 사람들이 의식적이거나 무의식적이거나 간에 그러한 기도에 저항하는 경향을 분명히 가지고 있음을 의미한다.

그들은 모국어 말씨를 제2언어로서의 영어 속에 그대로 간직하고 싶어하거나 아니면 그들은 단순히 영어원어의 말씨를 흉내냄으로써 원어민들과 동일시되기를 아마도 더 원하지 않는 것이다. 그리고 국제어로서의 영어의 경우 원어민 집단의 말씨(어휘, 문법까지 포함해서)를 따르지 않는 데에는 강력한 이유가 있다; EIL(English as Int'l Language) 공동체는 한 국가내의 말하기 공동체와 관련되었다기보다는 국제적인 수준의 언어공동체이기 때문이다.

아래에서 자신들의 언어학습 경험을 기초로 명료도와 정체성의 역할에 대해 생각해 볼 수 있다.

당신이 영어를 제2언어 또는 부차적인 언어로 사용할 경우

- 영어에서 모국어 사용자로서의 정체성을 유지하기를 고려해 본 적이 있는가?
- 영어 모국어 사용자로서의 정체성을 갖는 것이 당신에게 중요한가?
- 당신의 영어를 영어 원어민 집단과 비원어민 집단 중에서 어느 집단이 더 잘 이해하기를 바라나? 아니면 두 청취 집단에 대해 구분을 두지 않는가?
- 영어 모국어 화자의 말씨를 가지는 것이 당신에게 적절하다고 생각하는가? 또는 당신이 원어민과 유사하게 발음하기를 시도해야 한다고 생각하는가?
- 영어 모국어 화자의 말씨를 가지고 원어민 화자 또는 비원어민 화자가 알아 들을 수 있게 말하는 것이 가능하다고 믿는가?

당신이 영어를 모국어로 사용하면서 다른 언어를 제2언어(부차적 언어)로 사용하는 경우

- 당신이 사용하는 제2의 부차적 언어에서 당신의 모국어 정체성을 간직하는 것을 고려 해 본 적이 있는가?
- 당신의 모국어 정체성을 영어가 아닌 다른 언어에서 간직하는 것이 당신에게 중요하다고 판단하는가?
- 당신이 다른 언어에서 당신의 모국어(영어) 말씨를 간직하는 것이 적절하다고 생각하는가? 아니면 그 언어의 원어민 같은 발음을 하려고 시도해야 한다고 생각하는가?
- 다른 언어를 말할 때, 당신의 모국어 말씨를 그대로 간직하고도 그 언어의 원어민 화자들이 당신의 말을 이해할 수 있다고 생각하는가? 당신의 견해를 뒷받침해 줄 만한 개인적 체험을 경험해 본 적이 있는가?

<u>위의 두 그룹 모두에게 ;</u>

Prodromou가 아래에서 주장하는 영어 배우기와 스페인어 같은 다른 외국어를 배우기 사이의 차이에 대하여 당신은 어떻게 생각하나요?

그의 의견에 동의합니까? 아니면 동의하지 않습니까?

그 이유가 있다면 무엇인가요?

만약 동의한다면 영어 말하기에서 무엇이 가장 지대한 영향을 준다고 생각합니까?

「사람들이 영어를 배우고자 하는 이유는 순전히 원어민과 대화를 나누고자 함에만 있지 않다. 거의 모든 사람들은 원어민들과 대화를 나누어보고자 영어를 배우는 것이 아니라는 것은 명확한 사실이다. 반면에 사람들은 지금의 내가 그러한 것처럼 어떤 이유(업무 또는 취미활동) 때문에 히스패닉 문화에 관심을 가지게 되는 바람에 스페인어를 배우고, 그래서 이러한 목표에 더 다가가기 위해 말하기와 쓰기의 모형을 가지고 싶어한다. 정말, 영어와 현존하는 다른 모든 언어들 간에는 천양지차가 있다(Prodromou, 1997: 19).」

3.3 영어의 변화

이번 장에서 우리는 주로, 영국, 북미, 호주의 3곳에서 쓰이는 영어의 어휘와 문법적인 차이점을 살펴볼 것이다.

표준 원어민 영어들 간의 차이라는 것은 그들 간의 유사성에 비하면 전혀 필적되지 않으리만큼 미미하지만 이 세 개의 표준 영어는 특별히 영국적, 미국적 또는 오스트레일리아적이라고 특징지어지는 확실한 특성들을 가지고 있다. 그 중 가장 두드러진 차이는 어휘분야에서 나타나는데, 영국식 영어와 미국식 영어간에 존재하는 어휘상의 차이가 영국식 영어와 호주 영어간에 존재하는 차이보다 훨씬 더 크게 나타난다. 영국 영어와 북미 영어의 경우를 보면 수천 개에 달하는 단어들이 어느 한편에는 있는데 다른 편에는 없다든가 그 뜻이 완전히 또는 부분적으로 다르다든가 한다. 이런 현상이 발생하게 된 주요 원인을 우리는 어느 정도 쉽게 규명할 수 있다.

첫째, 초기의 이주자들은 그들의 신대륙에 와서 처음 접한 사물들에 대하여 그 이름을 새로 지어줄 필요가 생기다 보니 기존 단어의 의미를 확장하여 이름을 짓거나 새로운 단어들을 만들어 내거나 지역 토착민, 즉, 아메리카 원주민 들의 단어를 빌려서 쓰게 되었다. 기존 단어의 의미를 확장한 예로는 'corn'(영국에서 corn은 곡물을 의미하는데 미국에서는 옥수수를 의미)과 'robin'(영국에서는 붉은 색 가슴의 물새를 말하나 북미에서는 좀 더 큰 덩치의 붉은 색 가슴을 가진 개똥지빠귀를 말함)을 들 수 있다. 그리고 'butte'(뷰뜨 : 정상부분이 평평한 개체의 높지 않은 산)는 새로이 만들어 낸 단어의 단적인 예이다. 원주민의 말들에서 온 예로 'moccasin'(부드러운 가죽단화), 'squash'와 'toboggan'(썰매의 일종) 등을 들 수 있다(McCrum외, 1992).

둘째, 북미 영어가 영국 영어로부터 분리된 이후에 이루어진 눈에 띄는 문명의 발달이 두 영어 간의 차이를 더 심화시켰다. 자동차와 관련된 단어들처럼 기술 혁신의 산물로 생겨난 어휘의 경우에는 특히 그 차이가 더 현격하다. 영국 영어에서는 'windscreen', 'bonnet', 그리고 'boot'로 표기되는 물품들이 미국 영어에서는 각기 'wind shield', 'hood' 그리고 'trunk'로 달리 불리고 있는 현상이 그 예이다.

Trudgill과 Hannah(2008)는 영국 영어(영국인들은 잉글랜드 지역의 표준 영국 영어라고 부르기를 선호함)와 미국 영어의 차이점들을 네 개의 큰 범주로 분류한다.

1. 같은 모양의 단어이나 뜻이 다른 경우
2. 같은 단어인데 어느 한 쪽 단어에는 추가적 의미가 더 있는 경우
3. 단어의 모양은 같지만 표현법, 함의, 사용빈도 상의 차이가 있는 경우
4. 어떤 개념이나 품목을 나타내는 데에 있어 서로 다른 단어를 사용하는 경우

아래의 단어들은 Trudgill과 Hannah의 단어 목록에서 발췌된 것이다. 당신은 이 단어들이 각각 네 가지 범주 중 어느 범주에 해당되는지 알 수 있으며 또 이들의 사용법 상에 어떤 차이가 있는지 설명할 수 있는가?

이러한 차이들의 결과로 야기될 수 있는 의사소통 상의 문제에는 어떤 것들이 있을지 생각해 보자. 당신은 위 네 범주에서 어느 것이 영국 영어 화자와 미국 영어 화자 간에 오해를 불러 일으킬 가능성이 가장 클 것이라고 생각하는가?

faucet	smart	autumn	regular
bathroom	pants	sophomore	to fancy
a queue	pavement	homely	school
quite(as in quite good)			

아마 범주1이 오해를 불러일으킬 소지가 가장 클 것으로 보인다. 왜냐하면 의미상의 차이는 절대 제대로 인식될 수도 없거니와 규명될 수도 없기에 이 때의 오해는 풀리지 않은 채 남을 가능성이 아주 크기

때문이다.

호주 영어와 영국 영어간의 어휘 차이는 관용어나 속어를 제외하면 그 수가 비교적 극히 적다. 호주영어의 어휘상의 다변화가 초래된 근원은 호주 원주민 언어에서 차용된 단어들에 있었다. '캉가루', '부메랑' 등 호주 외부에 널리 알려져 있는 단어와 'gibber'(바위), 'corroboree'(큰 집회), 'jumbuck'(양)처럼 외부에 덜 알려져 있는 단어들이 바로 그런 단어들이다. 많은 차용된 단어들이 'calomDo' 같은 식물들, 'mallee' 같은 나무들 'KooKaburra' 같은 새들에서처럼 토착의 동식물 상을 나타내는 단어들이다. 이상하게도 그리 많지 않은 수의 원주민 단어가 호주영어화 되었음에도 불구하고 이런 단어들이 지금은 "철저한 호주적"인 것으로 간주되고 있다(Elmes, 2001: 66). 호주 영어 어휘 변천의 다른 예들을 알아보면 그것들은 이미 영국 영어에 있던 말들의 형태나 의미의 범위를 바꿈으로써 생겨난 것으로 그 기원을 영어 내부에 두고 있다.

〈도표 1〉 호주 영어와 영국 영어의 어휘상 차이

호주 영어		영국 영어	
barrack for	(응원, 지지하다)	support	(응원, 지지하다)
footpath	(인도, 보도)	pavement	
parka	(방한복의 일종)	anorak	
Sedan	(승용차의 일종)	estate car	(스테이션 왜건)
station	(목축장)	stock farm	
stroller		push chair	(유모차)
bludger		loafer, sponger	(백수 건달)
singlet	(러닝 셔츠)	vest	
station wagon		saloon car	(세단형 자동차)
paddock	(울타리 친 들판)	field	(들판)

〈도표 2〉 영 · 미 영어간의 어휘상의 차이

단어	영국 영어의 뜻	미국 영어의 뜻
homely	down to earth (실제적인, 현실적인) domestic (가정의, 가정적인)	ugly(of people) (못 생긴)
pants	underpants (속옷)	trousers (바지)
pavement	footpath (보도, 인도) sidewalk (〃)	road surface (도로 지면)

범주1 : 같은 모양의 단어이나 뜻이 다른 경우

단어	공동의 의미	추가적 의미(미국 영어에서)
bathroom	목욕탕(또는 샤워시설)과 부엌 개수대가 있는 방	화장실 (변기만 있음)
regular	consistent (지속적인) habitual (상습적인)	average (크기 등이 평균치인) normal (보통의)
school	초등단계의 교육기관	대학교를 포함한 모든 교육기관

범주2a : 추가적 의미가 있는 미국 영어

단어	공통적 의미	추가적 의미(영국 영어에서)
smart	총명한, 똑똑한 (intelligent)	단정한, 말쑥한 (well-groomed)

범주2b : 추가적 의미가 있는 영국 영어

단어	영국 영어에서의 쓰임	미국 영어에서의 쓰임
autumn (가을)	모든 문체에서 두루 쓰임.	흔하지 않게 쓰임 : 시나 공식적인 분위기에서만 쓰임. ('fall'이 일반적으로 사용됨.)
to fancy (좋아하다, 원하다)	비공식적으로 흔히 쓰임.	드물게 쓰임.
quite	부정 또는 중립적 의미.	긍정적 의미가 강함.

범주3 : 단어는 같으나, 표현법, 함의, 사용빈도 상의 차이가 있는 경우

미국 영어에서만 사용되는 단어	상응하는 영국 영어
faucet [수도(꼭지)]	tap
sophomore	second year student
영국 영어에서만 사용되는 단어	**상응하는 미국 영어**
queue(기다리는 행열, 줄)	line
pavement	sidewalk(보도)

범주4 : 어떤 개념이나 품목을 서로 다른 단어를 사용하여 표현하는 경우
(출처: Jenkins, 2009:78)

영어 품종 간 어휘 차이의 대부분은 구어체 용법에서 주로 나타나는데, 특히 어휘 차이의 주류는 잠시 유행하다 사라지곤 하는 속어 류의 단어나 말들로 이루어진다. 아래에 영국 영어에서는 쓰이지 않는 호주식 속어의 예들을 정리해 보면 다음과 같다(Elmes, 2001; Trudgill 과 Hannah, 2002).

a dag	(별나거나 기이한 사람을 다정한 어감으로 지칭하는 용어)
a drongo	(a fool 바보)
a dalah	(a fool : 바보, 얼간이)
a chine	(a mate 친구)
a offsider	(a partner or companion : 협력자, 동료)
a sort	(매력적인 사람)
tucker	(food)
sploshiboodle	(money 돈)
spiflicated	(알맞게 술에 취한)
rotten	(drunk 술취한)
crook	(ill, angry 아픈, 화난)
to spit the dummy	(to lose your temper 성질을 부리다)
to bot	(to cadge 조르다, borrow 빌리다)
to gammon	(to fool someone into thinking something 사실이 아닌 것을 믿도록 속이다.)
to front up	(to arrive 도달하다, present oneself someone 등장하다)
to fine up	(to improve-used of weather 날씨가 좋아지다)
to retrench	(해고하다, to sack, make reduntant)
to shout	(모두에게 음료수를 한 잔씩 대접하다)
shooting a fairy	(farting 방귀뀌기)
She'll be apples	(만사 잘 풀릴거야)

호주 어휘의 또 다른 특징은 약자로 줄여 쓰기를 아주 좋아한다는 데에 있다.

'pants'는 'pantaloons'의 단축어이고 'bus'는 'ommibus'의 단축어라는 사실에서 보듯이, 화자들 대부분이 원래의 단어가 무엇인지 모를 정도로 모든 영어 화자들은 단어길이 줄이기를 선호하는 경향이 있다. 그러나 호주 사람들은 다른 영어 화자들 보다 더 많은 수의 단어들을 단축해서 사용하는 것으로 나타난다. 호주 영어에는 다른 품종의 영어들에서 보이는 것보다 더 심한 경향이 또 있는데 그것은 단어를 단축하고 나서 지소 접미사(接尾辭) 특히 '-ie'나 '-y' 그리고 '-o'를 붙인다는 것이다.

barbecue가 'barbie'로, 'Australia'이 'Aussy'로 그리고 'afternoon'이 'arvo'로 변한 호주 단어들이 바로 이런 사례들이다. 문법 분야를 살펴보자면, 교양있는 사람들의 말이나 글을 놓고 볼 때, 영국 영어와 호주 영어 간의 문법적 차이는 거의 없다고 할 수 있을 정도이고, Trudgill과 Hannah(2002: 18)도 지적한 바 있지만, 독특한 어휘의 사용이 없다면, 호주인이 쓴 글인지 영국인이 쓴 글인지 분간 해 내기가 불가능하다. 그러나 영국 영어와 미국 영어 간의 문법적 차이는 여러 방면에 걸쳐 존재하는데, 다음에는 단지 두 영어 간 차이가 제일 심한 것들을 제시하고자 한다(Trudgill과 Hannah, 2002: 55-79).

동사

- **형태론** : 과거형 어미와 과거분사형 어미에서 두 품종 간 차이가 있다.

  예) 영국 영어의 단어 'dived', 'sneaked', 'got'이 미국 영어에서는 'dove', 'sunck', 'gotten'으로 쓰임.

조동사 : 'must'의 부정사용 : 미국 영어에서는 must를 부정할 때, 'must

not'을 줄이지 않은 형태로 쓰는 반면에 영국 영어에서는 'can't'를 사용한다.

예) 'He can't be in – his car has gone'

'그는 안에 없음이 틀림없다. – 그의 차가 가고 없잖아.'

명사

- 미국식 영어에는 일부 명사 어미, 예컨대, '–ee'('retire', 'draftee'), '–ster'(teamster, gamester) 같은 어미들이 자주 사용된다.
- 파생어를 만들 때 뒤에 붙는 어미가 서로 다르다.

  예) 영국 영어의 'candidature'(입후보, 출마), 'centenary'(100주년)가 미국 영어에서는 각 각 'candidacy'와 'centennial'로 나타난다.
- 미국 영어에서는 동사를 명사로 전용(轉用) 해서 쓰는 경향이 더 농후하다.

  예) 동사 'to run down', 'to be shut in', ' to try–out'이 'rundown', 'a shut–in(병약자)', 'a try–out'(청취 테스트–audition) 등의 명사로 전성(轉成)된다.

형용사 및 부사

- 비교 형용사 'different'의 다음에 미국에서는 전치사 'than'을 사용하지만 영국서는 'from'을 (더 최근의 경향은 to) 쓴다.

  'This one is different than/from (to)the last one'의 문장이 그 예이다.
- 미국식 영어에서는 단순 과거 시제에서 부사 'yet'과 'already'를 사용할 수 있는 반면, 영국 영어에서는 단순 과거 시제에서 'yet'과 'already'를 사용하지 못 한다. 영국 영어에서는 'yet'와 'already'는 현재완료형의 시제에서만 사용된다. 즉, 미국 영어에서 'I didn't buy one yet.', 'Did you read it already?'라고 표현되는 것도 영국 영어에서는 'I haven't bought one yet.', 'Have you read it already?'라고 표현된다.

전치사

- 약간의 전치사들이 두 품종 간 그 형태를 달리한다.

  예를 들면, 영국 영어의 'behind'가 미국 영어에서는 'in back of'로 대체된다. 'I put it behind/in back of the shed.'가 그 예이다.

- 특정한 맥락에서, 특히 시간에 관한 표현법과 관련될 때, 사용하는 전치사가 다르다.

  예) 영국 영어에서는 'I haven't seem him in ages/weeks.'라고 말한다.

- 시간을 나타낼 때 : 영국은 'twenty to three', 'five past eight'라고 하는 것을 미국은 'twenty of/till three', 'five after eight'이라고 한다.
- 'in'과 'on'의 용법이 서로 다르다.

  영국식 : 'to live in a street', 'to be in a sale(할인세일)'

  미국식 : 'to be on a street', 'to be on sale'

  (한편 영국 영어에서 on sale의 의미는 판매용이라는 뜻.)

3.4 영어의 화자

많은 학자들은 영어가 국제적 의사소통을 위하여 사용되는 경우에, 즉, 출신국이 다양한 여러 화자들 간에 사용될 때에는 거기에 비원어민 화자란 있을 수 없다는 주장을 이미 펼친 바 있다. 바꾸어 말한다면 외국어로서의 영어나 다른 외국어들은 모국어 화자와의 접촉을 위한 제2언어로서의 용도로 주로 학습되기 때문에 그 경우에는 원어민이다, 비원어민이다, 하는 구분이 있을 수 있지만, 종종 영어를 제2언어로 사용하는 사람들 간에 주로 영어가 의사소통의 도구로 사용되는 경우에는 그런 구분이 무의미할 수 있다는 뜻이다.

원어민의 말에 가까운지 아닌지의 개념이 세계공용어로서 영어를 활용하는 경우에도 동일하게 적용되는가 하는 문제가 제기되고 있다.

영어의 원어민과 비원어민을 구분하는 점에 대하여 반대하는 사람들은 무슨 근거로 그런 주장을 하는 것인가? 이에 관하여 제안된 내용들을 아래에 소개하는데, 당신은 그 내용들에 대하여 동의하는가? 만일 동의하지 않는다면 그 이유는 무엇인가? 또, 당신은 그 내용들 중에서 어느 것이 제2언어로서의 영어보다는 세계공용어로서의 영어에 가장 부합된다고 생각하는가?

- 원어민이라는 말 자체에는 외적 범주에 속하는 싱가포르 같은 일부 국가에서도 영어가 공용어로 쓰일 뿐만 아니라 가정에서 가족간 의사소통을 위한 언어로도 쓰이고 있다는 사실을 인정할 여지가 없다.
- 그런 부분은 인도같은 다중언어 사용국에서는 영어가 한 개인이 사용할 수 있는 언어 목록 상의 여러 언어 중의 하나일 다름이라는 점과 또 그들의 여러 언어들 중 어느 것이 제1, 제2, 제3언어 등등인지 결정하기가 어려운 게 보통이라는 사실을 고려하지 못하는 단점이 있다.
- 그것은 대다수 사람들이 실상은 이중언어 또는 다중언어를 구사한다는 대세를 무시하고 단일언어 사용이 마치 계속해서 세계의 표준인 것으로 간주하는 경향이 있다.
- 원어민이란 말 속에는 백인계 영어가 모든 다른 품종의 영어들을 평가하는 기준이 된다는 뜻이 함축되어 있다.
- 영어를 배워서 유창하고 능숙한(모국어와 같이 유창하게 영어를 구사하지는 못 하지만) 이중언어 사용자로서의 위상을 확립한 사람들에게 비원어민이란 칭호를 붙이는 것은 부적절할 수가 있다.
- 원어민과 비원어민 간의 구분을 유지시키는 것은 비원어민들에 대해서 일반적으로, 비원어민 교수들과 연구자들에 대해서는 더 더욱 부정적인 인식을 가지게 하고 또 그들 간에도 서로 부정적인 인식을 갖게 만든다. 그런 부정적인 인식이 영어교사 훈련과정에서 그들을 소외되게 만들 것이며, 또 권위있는 영어

교육 및 응용언어학 학술잡지에 그들의 업적이 공표될 수 있는 기회를 제한할 수가 있다.

- 그것은 영어사용법 상 어떤 실수가 있는 지에만 관심을 두는 단순화된 시각을 아마도 가장 진지하게 독려해주고 그래서 그것은 영어 사용자들이 그들 자신의 언어 종류를 무시한 채 부적절하며 비현실적인 원어민적 기준에 의해 평가받게 하기 때문에 영어능력을 국제적으로 검증할 수 없게 한다.

반면에 세계공용어로서의 영어에 대해 논할 때 원어민이라는 개념은 옹호될 수 없다는 견해에 대하여 동의하지 않는 일부 학자들도 있다. Andreasson(1994)은 원어민/비원어민 간의 구분을 찬동하는 모든 이들에게 논리정연한 결론을 도출해 보여준다.

확장 범주의 영어권역에서…… 이상적 목표는 기준이 되는 언어의 원어민과 최대한 일치하도록 모방하는 것이다. 영어의 사용과 문화적 정체성과는 아무 관계가 없다. 그것은 상당부분 개인의 학구적 능력과 언어 학습능력의 문제이다. 그러므로 만일 스페인 사람에게 그가 쓰고 있는 영어는 스페인식의 영어라고 말해 주면, 그것은 결코 칭찬이 될 수 없는 것이다. 그런 식으로 말하면, 그것은 그의 언어습득 상 무엇인가 결여된 것이 있다는 것을 시사하는 게 되는 것이다. (Andreasson, 1994: 402)

대안은 무엇인가?

우리가 세계공용어로서의 영어와 관련해서 '원어민'과 '비원어민'이란 용어를 사용하지 않기로 한다면 그 대안으로 무슨 말을 쓰면 좋은가? Rampton(1990: 98-99)과 Leung, Harris and Rampton(1997)은 전문지식이라는 말이 원어민답다는 말을 능가하는 아래와 같은 좋은 점을 가진다고 주장하면서 모든 숙달된 영어 구사자들을 나타내는 말로 '숙련가'란 용어의 사용을 제안한다.

1. 그런 경우가 잦기는 하더라도 숙련가는 그들이 잘 아는 것이라고 해서 반드시 친근감을 느끼는 것은 아니다. 전문지식은 귀속감과는 별개의 것이다.
2. 전문지식은 습득되는 것이지 고정적이거나 선천적인 것은 아니다.
3. 전문지식은 상대적이다. 어떤 사람이 잘 알고 있는 바를 또 다른 사람은 모를 수 있는 것이다.
4. 전문지식은 부분적이다. 사람들은 여러 분야에서 숙련가가 될 수 있지만 절대적인 부분에 걸쳐 숙련가가 될 수는 없다.
5. 전문가가 되기 위해서는 수 많은 자격 인정의 과정을 거쳐야 하는데 그 과정들은 다른 사람들에 의해 심사를 받는 과정이다. 그들을 평가하는 기준은 재검토되고 논의될 수 있다. 또 하나 좋은 점은 전문가들도 도전을 받는다는 건전한 전통이 있다는 것이다.

다른 한 편으로 보면, 유창한 영어 화자들에게 붙여지는 '숙련가'라는 표현은 유창하지 못한 화자들에게는 '비 숙련자'란 칭호가 붙여진다는 것을 시사한다. 이것은 '비원어민'이라는 용어에 대한 가치 판단에 부담이 된다는 공박을 받을 수 있다. 이런 이유 및 또 다른 이유들 때문에 Jenkins(2009)는 전통적 용어 체계를 붕괴시킴으로써 문제의 개념을 다시 정립하고자 아래와 같은 체계를 제안하였다.

1. 다른 언어는 전혀 모르는 영어 화자는 Monolingual English Speaker (MES: 단일어 구사 영어 화자)라고 칭하고,
2. 영어와 다른 언어 중 어느 것을 배웠는지에 관계없이 영어와 최소한 다른 언어 하나에 능숙한 사람은 Bilingual English Speaker(BES: 이중언어 구사

영어 화자)라고 칭하며,

3. 영어구사 수준이 이중언어 구사자로 불릴 단계에 이르지는 못 했지만, 어느 정도 인정되는 수준에 이른 영어 화자는 Non-Bilingual English Speaker (NBES: 비 이중언어 구사 영어 화자)로 칭한다. BES란 용어는 국제적 환경하에서 영어가 모국어인 화자와 영어가 제2언어인 화자 간에 존재하고 있는 인위적인 차등을 철폐해 준다. 이렇게 되면 결과적으로 영어교사들에게 그들이 소위 원어민이 아니라는 이유로 차별받는 일이 없어지게 된다.

영어가 국제적인 공용어로서 전 세계에서 널리 확산됨에 따라서 전통적으로 원어민 화자와 비원어민 화자에 대한 구분 방식에 문제가 제기되고 있는 것이 현실이다. 이러한 문제제기에 대한 대안을 마련해 보는 것이 글로벌시대에 영어를 올바르게 활용하는 중요한 출발점이 될 것이다.

연구과제

1. 21세기 글로벌 사회에서 영어를 학습해야 하는 이유를 설명하시오.
2. 영국 영어와 미국 영어의 어휘상의 "의미의 변화"를 나타내는 예들을 제시하시오.
3. 영국 영어와 미국 영어의 "문법적인 차이"를 나타내주는 사례를 설명하시오.
4. 호주 영어의 특징을 나타내는 어휘의 사례를 제시하시오.
5. 원어민 화자와 비원어민 화자의 개념을 구분하는 것에 찬성하는가, 혹은 반대하는가? 각각의 경우에 대한 본인의 주장에 논리적인 근거를 제시하시오. 또 반대한다면 적절한 대안을 설명해 보시오.
6. 다음의 용어를 설명하시오.

   ① MES ② BES ③ NBES

제2부

글로벌시대의 영어교육

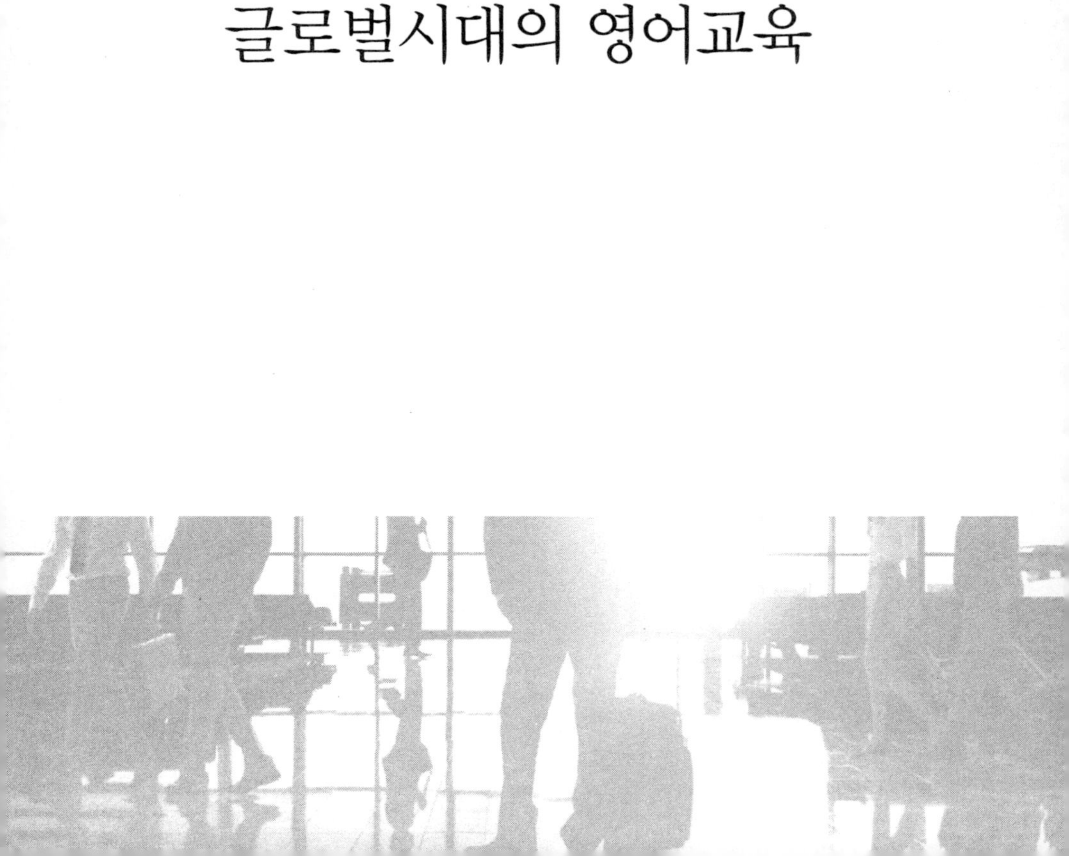

1장. 영어교육의 사회·정치적 상황

이번 장에서는 영어가 사용되는 범주를 모국어로서의 영어(ENL), 제 2언어로서의 영어(ESL), 외국어로서의 영어(EFL)로 구분하는 기준에 의거하여 영어교육이 이루어지는 사회정치적인 상황의 특징을 기술하고자 한다. 제 2언어로서의 영어(ESL)와 외국어로서의 영어(EFL) 교육 상황의 관계를 효과적으로 구별하기 위해서는 영어수업이 진행되는 교실 밖에서 어떤 일들이 일어나고 있는지에 대해 생각해 보자. 일단 학생들이 교실을 나가면 그들은 복도에서 어떠한 언어를 듣게 될 것인가? 또한 그런 경우 외국어 학과 복도에서, 보도 블록에서 그리고 가게에 있는 경우에 어떠한 외국어를 구사하는가? 제 2언어의 학습 배경은 목표언어를 교실 밖에서도 쉽게 구사할 수 있다. 가령 미국이나 호주에서의 영어 교수법은 현저하게 ESL 범주에 따른다. 그러나 EFL 학습 상황은 학생들이 교실 수업에 들어가기 전에 목표어를 대화하기 위한 상황이 연습되지 않는다. 학생들은 언어 모임, 특별한 기회, 책 혹은 가끔씩 오는 관광객을 통해 목표어 학습이 가능할 지도 모른다. 그러나 그러한 기회를 만들기 위해 학습자들이 노력을 해야만 한다. 외국어로서의 영어교육에 중점을 두는 나라에는 Kachru가 정의했던 3범주 모형 중에서 확장 범주에 속하는 국가들이다.

겉보기에는 ESL과 EFL이 분명하게 나눠어지지만 최근 몇 년 동안 전세계적으로 영어가 다양한 목적으로 사용되는 경우가 증가했기 때문에, 위의 두 가지 상황을 분명하게 구분하는 것은 다소 어려운 일이 되었다.

첫째로 ESL의 상황에서 대부분의 언어공동체 구성원들이 한 개의 언어만을 사용하는 내적 범주 상황이 외적 범주, 확장 범주에 의해서 대체되어진다. 영어가 교육, 정치, 경제면에서 제2언어로 널리 쓰이는 인도나 싱가포르 같은 나라들, 영어가 높은 사회적 지위의 고위관리자들에 의해서만 사용되는 것이 아니고, 대개 실질적으로 모든 교육받은 사람들에게 일반적으로 구사되어지는 국가들이 외적 범주 혹은 확장 범주에 속하는 나라들이다.

그밖에 언어로 외국어라 판단되는 나라들에서(예를 들면 미국에서의 스페인어 또는 중국어, 일본에서의 영어) 학습자들은 목표어로의 의사소통을 원활하게 하고 미디어(인터넷, TV, 영화)에서 언어를 확실하게 사용하기 위해서 영어를 학습한다.

ESL 상황에 유리한 영어학습 방법을 정리해 보면 다음과 같다.

* 교실 밖에서의 모국어 화자와 함께 특수한 언어 임무, 즉 TV 프로그램이나 라디오 듣기, 뉴스기사 읽기, 상점이나 자선단체에 편지를 쓰는 것 등의 임무를 포함한 숙제를 부과한다.
* 연습을 위한 기회들을 찾을 수 있도록 학생들에게 용기를 준다.
* 다른 것들로부터 영어 학습에 연관된 피드백을 찾을 수 있도록 학생들에게 용기를 준다.
* 보충수업의 일환으로 학습의 일지나 일기쓰기 과제를 지속적으로 학생들에게 부여한다.
* 박물관 같은 곳으로의 견학을 계획하고 실행한다.
* 원어민 화자와 사회적인 교류의 기회를 마련한다.
* 영어수업 교실로 원어민 화자들을 초대하여 의사소통할 수 있는 기회를 제공한다.

다음에는 학생들이 EFL 환경에서 영어를 배울 수 있는 상황을 고려해보자. 학교 밖에서 즉각적으로 의사소통을 할 수 있는 기회는 부족하지만 EFL 상황의 장점을 활용할 수 있는 방법은 다음과 같다.

* 수업 시간을 최대한 이용, 실제적인 상황과 유사한 상황을 마련하고 상호대화를 많이 유도한다.
* 숙제로 할 수 있는 것을 수업시간에 함으로써 수업 시간을 낭비하지 않는다.
* 동기유발을 위한 활동을 정기적으로 제공한다.
* 학생들이 실생활에서 영어의 진정한 사용법을 익히도록 도와준다.
* 시험의 영역을 줄이고 언어 학습의 본질적인 요소를 더 강조한다.
* 수업 외 배울 수 있는 기회를 많이 제공한다. 예를 들어, 영어로 된 영화를 보게 해준다든지, 영어 TV를 보던지, 또는 라디오를 듣게 해준다든지, 영어를 할 수 있는 파트너를 정해준다든지, 새로운 잡지나 책을 볼 수 있게 교과서 외의 책을 읽힌다든지, 영어로 저널이나 일기를 쓰게 한다든지 등의 과의 활동을 학생들의 학습 과정에 포함시킨다.
* 수업 외에 학습자들에게 적합한 학습 전략들을 발견하여 사용하도록 한다.
* 영어학습 동아리를 조직하여 정기적인 활동을 하도록 한다.

이제 영어는 비원어민들 사이에서 상호작용을 위해 사용되는 경우가 점점 많아지고 있다. 5억 여명이 넘는 사람들이 영어를 제2언어로 배우고 있다. 또한 전세계적으로 대부분의 영어 선생님들은 표준어 한 개의 언어를 사용하는 사람이 아니라 2개 국어 병용임을 의미한 원어민 영어 화자들이다.

또한 영어는 미국 또는 영국 문화적인 의의를 이해하고 가르치는 것을 위한 도구로서 학습되는 것이 아니고, 대신에 영어는 운송, 상업, 관광, 기술, 외교, 그리고 과학적인 연구를 하고 국제적인 의사소통을 위한 도구가 되었다.

다양한 영어의 변화의 현상은 영어 화자들을 위해 실천적 관심을 가지게 한다. 그 관심 중 하나는 문법의 정확성 문제이다. 예를들면 영어 수업 중에 어느 언어를 수업 모델로 설정해야 하는가의 문제가 발생한다. 요컨대 당신이 인도, 나이아지리아, 필리핀 같은 나라에서 영어를 가르치고 있다면, 그 나라의 언어상황을 반영하는 영어를 가르쳐야 할 것이다. 이런 면에서 각 나라마다의 언어적 · 문화적 특징을 반영하는 영어를 교육시키는 것이 중요한 문제로 대두되며, 앞으로 이 문제는 좀더 깊이있게 논의되어야 할 문제이다.

연구과제

1. 영어교육 상황에서 ESL상황과 EFL상황의 차이점을 설명하시오.
2. 영어교육 현장에서 ESL 영어교육 상황을 이용할 수 있는 방법을 제안해 보시오.
3. 영어 수업에서 EFL 영어교육 상황의 장점을 활용할 수 있는 방법을 제시하시오.

2장. 영어교육의 제도적 상황

영어교육에 있어 가장 중요한 상황 중의 하나는 바로 '제도(institution)'이다. ESL, EFL 수업 프로그램들은 너무나 다양한 형태의 교육 제도 속에서 찾아볼 수 있어서 교과서 출판업자들은 다양한 상황에 맞추어 책을 제작하는데 어려움을 겪을 정도이다. 그 뿐 아니라, 하나의 제도 안에서조차 다양한 목적이 추구되기도 한다. 제도적인 제약은 종종 사회 · 정치적인 사항들과 연결되어 있다. 미국이나 다른 나라들의 학교에서 제공되는 제 2 외국어 프로그램은 모두 법과 정부의 규제에 의해 만들어진 것이다. 학생들의 높은 수준의 교육을 받고자 하는 요구 또한 제도적인 정책이나 증명서, 학위 요구, 교육적인 척도, 더 나아가 이민법에 의해 영향을 받을 수도 있다.

2.1 초등학교와 중등학교

초·중등학교의 언어 정책은 각 나라마다 다르다. 미국 같은 나라에서는 모국어가 영어가 아닌 학생들을 위한 영어발달프로그램 (English Language Development Program)이 각 주와 학교마다 달라서, 한 주에서만 수백 가지에 이르기도 한다. EFL 국가들에서는 영어가 중학교의 필수 과목이기도 하고, 여러 외국어 중에서 선택과목 이기도 하다. 스웨덴이나 노르웨이에서는 영어가 초등학교부터 필수과목이다.

미국에는 현재 초 · 중등학교에 다니는 비모국어 화자들을 위한 수

많은 프로그램이 있다. 그 중 몇 개는 다른 나라에도 여러 가지 형태로 적용이 된다. 다음에서는 초등학교와 중등학교에서 널리 활용되는 영어교육 프로그램을 소개하고자 한다,

1. 침잠식 프로그램(Submersion Program)

비원어민들을 가르치는 첫 번째 방법은 바로 특별한 처방을 하지 않는 것이다. 어린 학생들은 특별한 외국어 지도가 없이도 정규내용 교과 수업에 적응할 수 있다. 이것은 학생들이 영어를 그대로 흡수한다는 가정아래 형성된다. 이를 위해서 어떤 학교에서는 학생들이 교실 밖에서 특별한 개인 지도를 받거나, EFL 영어 수업을 듣는 방법이 선행된다.

적용사례) 이 방법은 연령이 어린 학생들을 주요 대상으로 한다. 한 예로, 캐나다로 이민간 초등학교 저학년 한국 학생들의 경우, 특별한 교육이 없더라도 다른 아이들과 함께 활동하는 과정에서, 짧은 시간 안에 영어로 의사소통을 할 수 있게 된다. 하지만 고학년이 되어서 이민을 간 경우는 이미 모국어가 확고히 자리를 잡고 있어 이런 방식을 사용했을 경우, 실패할 가능성이 높아진다.

2. 몰입식 프로그램(Immersion Program)

이 단계에서 학생들은 특별히 고안된 교과목 수업에 참여한다. 모든 학생들은 똑같은 모국어를 사용하고, 영어는 비슷한 수준이다. 교사는 교과목에 대한 지식뿐만 아니라, 학생들의 모국어와 그 문화에 대해서도 얼마만큼의 지식을 가지고 있어야 한다. 몰입프로그램은 대부분 ESL 보다 EFL 상황에서 더 많이 활용된다. 대부분의 이 프로그

램에서 학생들은 이중언어 상황에 노출되어 있으며, 부모와 지역 사회의 도움을 받는다.

적용사례) 한국의 유치원생이나 초등학생을 가르치는 영어 회화 학원에서 주로 사용하는 방식이다. 한국에서 아동들의 영어 구사 능력은 사회적으로 상당히 높이 평가되며, 그 때문에 부모들은 서둘러 영어교육을 시키려고 한다.

3. 보호된 영어 프로그램 (Sheltered English Program)

이 프로그램은 최근 몇 년 동안 인기를 얻은 몰입프로그램의 특수한 형태이다. 이 프로그램에는 몰입프로그램과 다른 측면이 있는데, 그것은 학생들이 각기 다른 모국어 배경이 있고, 교사는 각 과목의 내용과 ESL 방법들을 함께 병행하여 가르친다는 것이다. 또한 학생들은 교육과정의 한 부분으로 정기적인 ESL class에 참여한다. 예를 들어 San Francisco의 Newcomer 고등학교는 새로 도착한 이민학생들에게 1년 간 보호된 영어 프로그램 방식으로 수업을 하는데, 여기서는 ESL 전문 교사들이 각 과목과 ESL을 병행하여 가르친다.

적용사례) 미국으로 이민온 학생들을 위한 교육 과정이 이에 해당된다. 세계 각국에서 온 이민자의 자녀들을 빠른 시간 내에 미국 사회의 구성원으로 만들기 위해, 이 교육에서는 ESL 방법으로 영어를 가르침은 물론 각 교과목의 내용 역시 충분히 전달해야 한다.

4. 주류에의 합류 프로그램(Mainstreaming Program)

몇몇 침잠 프로그램에서는, 학생들이 학과 내용 안에 배치되기 전에 먼저 ESL교육을 받는다. 교사의 시험 결과, 학생이 현재 진행되고 있는 실제 내용을 다루는 수업에 참여해도 충분할 만큼 숙달되었다는 결정이 내려진다면, 그들은 정규 교과 과정에 참여하게 된다. 이 ESL 교육은 내용 중심이 되어서 학생들이 현재 진행되고 있는 수업에 참여했을 때, 불이익을 받지 않도록 되어야 한다는 것을 기억해야 한다.

적용사례) 침잠식 프로그램의 단점을 보완하는 방법이다. 한국의 중학생이 미국으로 이민을 간 경우, 곧 바로 학교에서 진행되고 있는 수업에 참여하는 것은 상당히 어려울 것이다. 이런 경우, ESL 교육을 충분히 받은 후 실제 수업에 배치되는 것이 효과적이다.

5. 과도기적 이중언어 프로그램 (Transitional Bilingual Program)

미국에서는 학생들이 그들의 모국어와 제2언어를 약간 섞어 쓰는 교육을 받는, 3가지 다른 종류의 이중언어 교육이 널리 활용된다. 과도기적 프로그램은, ESL 수업도 같이 하면서, 당면 과제와 관련된 맥락은 모국어로 가르친다. 교사와 시험 결과가 그들이 준비되었다고 결정내리면, 그들은 영어로만 하는 수업으로 넘어간다. 이것은 학생들이 그들의 모국어로, 선행적으로 지식적인 개념들을 구조화하고 나중에 지배적 언어로 넘어가게 해주는 장점이 있다. 주요한 단점은 아이들이 준비되기 전에, 즉 아이들이 학술적이고 언어적인 기술들을 충분히 형성하기 전에 너무 자주 보통 학급으로 옮겨진다는 것이다.

적용사례) 미국으로 유학 온 한국인 중학생에게 민주주의라는 단어를 처음부터 영어로 가르친다면 무척 어려울 것이다. 이런 상황에서, 과도적 이중언어 프로그램을 사용하여 먼저 한국어로 민주주의에 대해 설명하고, 그 후에 영어로 설명을 해 준다면 더 쉽게 학습할 수 있다. 이러한 상황에서 활용되는 프로그램이다.

6. 유지적 이중언어 프로그램 (Maintenance Bilingual Program)

이 프로그램은 학생들이 학교에 다니는 동안 모국어로 그들의 당면 과제의 일부분을 지속적으로 학습하는 형식을 취한다. 이것은 학생들의 모국어의 계속적인 발달을 자극하고 그 내용 영역에서 자신감과 경험을 형성해 나갈 수 있다는 장점을 가지고 있다. 단점은 영어의 숙달을 저해한다는 점과 예산상 교직원들을 유지하는 데 많은 비용이 든다는 것이다.

적용사례) 미국에 있는 한국인 학교의 경우가 이에 해당된다. 이 학교에서는 일정 부분의 교육이 계속해서 한국어로 이루어지기 때문에, 학생들은 한국어 능력을 일정한 수준으로 유지할 수 있다. 하지만 이에 반해 미국 공립 또는 사립 학교에 다니는 학생들에 비하면 영어교육 시간이 적기 때문에 영어 숙달 속도는 상대적으로 떨어지는 단점이 있다.

7. 풍요화 이중언어 프로그램 (Enrichment Bilingual Program)

이중언어 교육의 세 번째 형태는, 학생들을 대부분 모국어로 교육시키지만, 선별된 주제는 외국어로 가르치는 것이다. 미국에서 이 과정을 듣는 학생들은 생존을 위한 목적이 아니라, 그들의 문화적 그리고 언어적 지평을 넓힘으로써 단순히 그들 자신의 지적 영역을 "풍부하게" 하기 위해서 이 과정에 참여한다.

적용사례) 이 방식은 영어보다는 주로 제2외국어 학습에 해당된다. 미국의 한 중학교 학생이 중국에서 이민 온 친구를 보고, 중국 문화에 관심을 갖게 되어 중국어를 조금씩 배우는 것이 한 예가 될 것이다.

2.2 고등 교육 기관

영어 고등 교육 프로그램은 2년제 전문 대학, 4년제 단과 대학, 종합 대학, 대학원, 평생 교육 프로그램, 언어 학교와 학원, 직업 기술 학교, 성인 학교, 그리고 직장 등 여러 곳에서 행해지고 있다. 언어를 가르치는 몇 가지의 목적이 이런 제도적인 환경들에 영향을 끼치게 된다. 다음에 제시되는 프로그램은 다양한 학생의 욕구에 맞도록 고안된 넓은 범위의 교육과정의 유형이다.

1. 전(前)학술적 프로그램(Pre-Academic Programme)

이 프로그램은 대학 수준의 학습 과정에 입학하길 희망하는 학생들을 위해 고안되었다. 이러한 프로그램들은 집중적인 프로그램으로서 학생들이 한 주당 20~25시간, 보통 한학기의 4분의 1의 강의를 듣게 된다. 이 프로그램에 있어서 초점은 초보자에게 있어서의 일반적인 언어 기술로부터 읽기, 쓰기 기술 그리고 고급 과정의 연구 방법의 수준까지 다양하다.

적용사례) 현재 한국의 일부 특수목적 고등학교에서 시행하고 있는 SAT 대비반이나 강남에 밀집되어 있는 SAT 준비 학원들이 이에 해당된다. 적어도 하루에 3-4시간 정도 수업이 이루어진다.

2. 학술적 영어 프로그램 (EAP: English for Academic Purposes)

학술적 목적의 영어는 학술적으로 관련된 언어와 주요 과제들을 다루기 위해 학생들이 배우는 어떠한 강의나 모듈, 워크숍 등에도 매우 광범위하게 적용될 수 있는 개념이다. EAP는 다른 몇몇 교육적 환경들에서 뿐만 아니라, 전 학술적 프로그램의 고급 수준에서 널리 활용된다.

적용사례) 미국 대학 내에서의 고급 교양 영어 강의가 이에 속한다. 이 수준의 교육을 이수하게 되면 시사 잡지나 뉴스에 나오는 다양한 분야의 지식들을 이해하는데 무리가 없게 된다.

3. 특별한 목적을 위한 영어(ESP: English for Special Purposes)

특별히 학문의 전문분야에 초점을 맞추어 영어를 교육시키는 프로그램이다.

적용사례) 농업, 비즈니스 서류작성을 위한 영어, 법률 영어, 경영 영어, 의료 영어 등.

4. 직업 · 기술 영어 (Voc/Tech (Vocational and Technical) English)[1)]

장사하는 분야와 예술, 흔히 대학 프로그램에 포함되어 있지 않은 직업을 배우는 사람들을 대상으로 하는 프로그램이다.

적용사례) 목수, 전기기술자, 사진가 등을 위한 영어, 호텔 경영학과 영어 등

5. 문자 습득 프로그램(Literacy Program)

모국어 읽기, 쓰기 능력이 아예 없거나 매우 낮은 학생들을 가르치기 위해 고안된 프로그램으로, 청각 · 구두 형식을 배우면서 영어로 글을 쓰고 읽는 것을 배우는 데는 학생들의 정열과 동기부여가 필요

---

1) ESP와 Voc/Tech의 차이점: ESP는 대학 전공이나 학위를 얻으려는 사람들의 훈련을 가리키지만 Voc/Tech는 직업 프로그램이나 학사학위 증명서가 없는 프로그램을 의미한다.

하다. 이 과정에서는 교사 역시 특별한 훈련이 요구된다.

적용사례) 미국에 들어온 boat people이나 난민, 불법 체류자들에게 행하는 영어교육

6. 생존/사회 생활 과정 (Survival/Social Curriculum)

어른들에게 대화의 필요성을 소개하는 짧은 코스부터 제 2언어 문화에서의 생존을 위한 완전한 범위의 언어기술을 가르치도록 고안된 교육과정까지 포함한다. 이러한 프로그램은 중급 수준 이상으로 발전하지 않는다. 이 프로그램들은 야간학교나 *Berlitz Schools*[2]와 같은 사

---

2) **Berlitz Language Center**

1878년 맥시밀리안 벌리츠(Maximilian Berlitz: 1852~1921)는 미국 로드아일랜드주 프로비던스에 어학당을 세우고 혁신적인 외국어 교육 방법(Berlitz Method)을 제시하였는데, 이것은 대화(conversation)를 통하여 모국어를 배웠을 때와 같은 방식으로 외국어를 배울 수 있도록 학습하는 방법을 말한다.

이후 벌리츠는 120여년간 발전을 거듭하여 현재 전세계 37개국 340여 개의 센터를 통하여 3천 5백만 명 이상의 졸업생을 배출하였다. 벌리츠 코리아의 경우, 1995년 교육부에 의해 최초 외국인 투자 외국어 교육기관으로 선정된 바 있다.

◆ **Berlitz Method**

모든 벌리츠 프로그램의 핵심인 Berlitz Method는 간략하게 다음의 다섯 가지 원리로 설명될 수 있다.

ⓐ **Structure through Conversation**

실제로 쓰여지는 빈도에 기초한 실용 구문의 반복 연습을 통해 문장 구조에 익숙하게 하여 대화에 활용할 수 있도록 한다.

ⓑ **Building Block Approach**

일단 습득한 구조와 어휘를 기초로 하여 다음 단계로 나아감으로써 외국어 구사 능력을 점진적으로 향상시킨다.

ⓒ **Socratic Process**

교사와 학생간의 계속적인 대화를 통하여 교사는 학생들로 하여금 배우고 있는

립학교에서 제공된다.

적용사례) 학문, 전공 분야를 제외한 생활 영어 전체가 해당된다. 한국에 있는 일반적인 회화 학원의 중간 단계 정도까지가 여기에 포함된다고 할 수 있다.

이러한 제도상의 상황들은 지나치게 간소화된 것이지만 수업을 어떻게 할 것인지 계획하고 각각의 교육과정에서 어떻게 수행할 것인지 결정하는 데에는 제도상의 다른 요인들이 적용된다.

- 제도상의 규정이 특정한 교육과정을 요구하는 것에 대한 한계
- 예산의 제한과 관료적인 제한이 학급의 규모, 단위시간 등에 대한 규제를 요구하는 경우
- 경영자나 감독자가 교사에게 특정한 방법으로만 가르치라고 강요하는 경우
- 그 프로그램에 정해진 교과서에 대해서 교사가 만족하지 못하는 경우
- 동료 교사들에게서 받는 지지와 피드백
- 동일한 교육 기관에서 다른 교사들이 가르치는 방법과 교육 기관에서 제시하는 방법 사이의 차이에서 오는 갈등 문제

구문과 어휘를 활용한 질문을 하도록 도와줌으로써 학생들이 좀 더 자신감을 갖고 정확한 표현을 구사할 수 있도록 한다.

ⓓ **No Translation**

외국어를 배울 때 가장 큰 걸림돌이 되는 것이 모국어로 번역하는 습관이다. 벌리츠에서는 배우는 외국어로만 생각하고 말하게 하는 집중 훈련을 통해 번역의 과정을 없앤다.

ⓔ **Variety of Voices**

각 과정마다 교사용 지침서가 있고 그에 따라 여러 원어민 화자가 번갈아 가르침으로써 다양한 목소리, 액센트, 스피치 패턴을 접하게 하여 실제 상황에서의 외국어 이해 능력을 향상시킨다.

- 교사의 수업 시간 수와 그것이 교사의 열정에 미치는 영향
- 교실의 물리적인 상태 방의 크기, 불빛, 가구 등
- 영어 프로그램이 요구되는가 혹은 그렇지 않은가와 그것이 학생들의 동기에 미치는 영향
- 이외에도 많은 요인들이 영어교육이 진행되는 제도적 상황에 영향을 끼칠 수 있다.

연구과제

1. 초 · 중등학교에서 활용할 수 있는 영어교육 프로그램을 설명하고 그 적용방법을 기술하시오.
2. 다음의 용어를 설명하시오.
   ① Immersion Program
   ② Sheltered English Program
   ③ Pre-Acadermic Program
   ④ ESP
   ⑤ Vocational / Technical English Program

3장. 영어교사의 자질

영어 중에서 소중하게 다루어지고 있고 세계 곳곳에서 교육의 목표와 평가의 기준이 되는 영어는 변함없이 원어민 품종의 영어들인데, 그 중에서도 특히 영국 영어와 미국 영어가 두드러진다. 교육방법론과 교육교재들은 아직도 영어를 모국어로 하는 국가들에서 선호되는 방식의 것들이 홍보되고 있는 바, 학습자의 자율성과 영어 단일어로 된 교과서를 강조하는 의사소통 식 교육법, 가장 높게 평가하는 교사는 영어 원어민이고 가장 중요하다고 인정되는 시험에서는 원어민 기준과 관련하여 학습자의 능력이 측정된다는 사실 등이 그런 것들이다. 그리 오래 전이 아닌 2008년 3월에 보도된 바에 의하면, 영국 문화원의 관리자인 Bhaskar ChaKravarti는 영국 문화원의 업무를 이끌어 주는 길잡이 별은 "세계의 모든 영어교사와 학생들에게 그들이 영국으로부터 필요로 하는 기술, 책상 및 자료들을 이용할 수 있게 해 주어야 한다"는 교사들의 의욕이라고 말한 것으로 전해진다.

(주간 Guardian지, 영어학습부록, 2008년 3월 7일)

원어민 화자들은 비원어민 보다 영어교사로서의 자질이 더 뛰어나다고 생각한다는 사실을 놓고 왜 그렇게 생각해야 하는 것인지에 대해서 질문이 제기될 수 있다. 그것은 그들이 정말 교사로서의 자질이 더 뛰어나서 그런 것일까 아니면 단지 모국어이기에 영어를 더 잘해서 그런 것일까? 먼저 원어민이 최고라는 전제에 대해 반대 입장을 견지하고 있는 두 학자의 의견을 비교해 보고자 한다.

영어교사들은 일반적 언어현상으로서 영어를 가르치는 것이 아니라 역사, 물리, 지리 등의 다른 교과목들과 함께 교육과정 속에 편입되는 하나의 교과목으로서 영어를 가르쳐야 하는 것이다. 생각건대, 역사상 어느 특정한 시대를 살아온 사람에게는 특별히 그 시대의 역사를 가르칠 자격이 더 많이 부여될 수 있다고 생각하는 사람은 아무도 없을 것이다. 예를 들어, 실제로 2차 세계대전을 치렀던, 지금은 그 수가 많이 줄어들고 있는 80대 노병(老兵)그룹의 구성원들이 제 2차 세계대전의 역사를 제일 잘 가르칠 수 있는 선생들이라고는 누구도 생각하기 않을 것이다. 마찬가지로, 티롤의 양치기들이 알프스 산맥의 풍경에 특별히 친숙하다고 해서 그들이 오스트리아의 알프스 지리를 제일 잘 가르칠 수 있는 선생이라고 주장하는 것은 확실히 이상한 것이다…… 물론 이런 사람들은 지표로 이용될 수 있는 친숙한 경험을 많이 가지고 있고 또 관련된 주제의 일부 양상들에 관해서 전문적인 정보를 제공하는 역할을 해 줄 수 있다. 그러나 그렇다고 해서 이들이 전문 교육가가 될 수 있다고 생각할 수는 없는 것이다.

(Widdowson, 1994a : 1.10 - 1.13 / Jenkins, 2009: 120)

덧붙여서 Widdowson은 영어를 모국어로 사용하는 상황에서 오는 현상과 제 2언어로서 영어를 가르치는 현상 사이에 혼란 현상이 지속적으로 존재해 왔으며 또 이 혼동은 원어민이면 자동적으로 영어를 가르치는 전문기술을 가지게 된다는 잘못된 믿음으로 이어져 왔다고 말한다. 그는 이런 생각은 영어 원어민이라 해서 그들의 말이 아닌 다른 언어를 아주 쉽게 습득하는 자질이 있는 것이 아니라는 사실 뿐만 아니라, 교사로서 교육학 관련 훈련을 충실히 받아야 할 필요성도 무시하는 것이라고 지적한다. 바꾸어 말하면, 그저 단순히 '원어민 능력이 갖추어져 있고 여기에 약간의 상식 또는 기술 상 간단한 기초력 훈련을 더하고 또 교과서 내용을 숙지하는 것'만으로 영어를 가르칠 자격이 충분해 지는 것은 아니라는 말이다. Seidhofer는 이 문제에 대해 또 다른 관점, 즉 비원어민 영어교사와 그의 학생들이 공유하는 경험이라는 관점에서 접근한다:

비원어민 교사는 같은 모국어의 여과장치를 자주 이용하면서, 학생들과 같은 언어를 배우는 똑같은 학습과정을 끝냈으며, 외국어를 어떤 의미로 자신의 것으로 만들고 나서 특정한 목적을 위해 그것을 이용하는 일이 어떤 것인지 알고 있는 사람이다. 이것은 오직 비원어민 교사와 그 제자들만이 공유할 수 있는 경험이다. 원어민 화자는 목적지에 관해 잘 알지만 거기에 도달하기 위해 건너야 하는 지형에 대해서는 잘 모르는 법이다. 그들 자신은 같은 경로를 가 본적이 없기 때문이다. 반면에 비원어민 교사들은 외국어로서의 학습 목표어를 알고 있다. 역설적이지만 이 사실은 중요한 자원으로 이해되고 이용될 수 있음에도 바로 이 사실이 간혹 약점으로 여겨지고 있다. 요컨대, 이 공유된 언어 학습경험은 비원어민 교사들의 불안감이 아니라 그들의 자신감의 근거가 되어야 한다.

(Seidhofer, 1999:238 / Jenkins, 2009:120)

언어학자들이 수년간 이런 문제에 대해 관찰해 오고 있다는 사실에도 불구하고 아직도 실제적인 변화는 거의 일어나지 않는 것 같다. 그 이유는 Kirkpatrick의 지적대로 전 세계 각 처에서 원어민 영어교사를 절대적으로 많이 필요로 하기 때문이다:

원어민 화자에 대한 요구가 여러 곳에서 높아지다 보니, 많은 교사들이 필요로 하는 조건은 오직 원어민이라는 자격 하나 뿐이다. 그 결과 영어 교직자로서의 전문적인 훈련을 받아본 적이 없는 원어민들이 세계 각처의 학교, 학원, 대학교 등에서 통상적으로 고용되고 있다. 필자의 개인 경험을 통해 알고 있는 사실인 바, 현재 많은 중국의 대학교들에서 다양한 수준의 학생들에게 영어를 가르치기 위해 원어민들을 고용하는데, 그 중 일부 소수만이 교사 자격을 취득하기 위한 교육을 받는 실정이다. 교사 지원 자격이 단지 원어민이기만 하면 된다는 것은 종종 채용광고에서 명시적으로 나타난다.

(Kirkpatrick, 2007a : 185 / Jenkins, 2009: 121)

그렇다면 10년전 Nayar가 분명하게 설명했던 그 국면이 지금까지도 계속 이어져오고 있는 것으로 보인다.

원어민 화자들의 이미지는 응용언어학적 담론과 ESL/EFL 기업체들(제 2언어 또는 외국어로서의 영어를 대상으로 교육사업을 하는 기업체들)에 의해 간행된 방대한 양의 지원자료로 인하여 언어 능력은 물론 전문적 교육기술 면에서도 의심할 여지없는 권위적 존재의 이미지로 만들어지고 영구화되었다. 원어 화자라는 지위는 영어 전문가로서 또는 교사 양성자로서 교사들에게 자동으로 확실성과 신뢰성을 수여하는 불가결한 요건으로 보인다. 첫 관문을 통과시켜 주는 구호처럼 원어민이라는 신분은 영어교육 사업체에 의해 교육적 전문지식이나 실제 언어 능숙도 보다도 더 상위의 조건으로 인정되는 주요한 요소가 될 수 있는 것이다.

(Nayar, 1998 : 287 / Jenkins, 2009: 121)

〈표 1〉 Global English 교육 현장에서 필요한 영어교사의 자질

영어교사들은 무릇
1. 여러 언어를 활용할 수 있으면서 다문화적 역량을 갖추고 있어야 하고 또 더할 나위없이 학생들의 언어도 알아야 하며 교사들이 처해있는 교육적, 사회적, 문화적 환경을 이해하고 있어야 한다.
2. 학생들이 본받아야 할 적당하고도 성취 가능한 (즉, 현지의) 본보기를 학생들에게 제시할 수 있거나, 만일 학생들이 다른 품종의 영어를 사용한다면, 그들이 쓰는 영어가 교사의 품종보다 열등한 것이 아님을 이해해 주어야 한다.
3. 어떻게 서로 다른 영어 품종들이 생겨나게 되었는지 언어학적으로 이해해야 하고 또 어떻게 그 품종들이 음운체계 상 어휘적, 문법적, 수사학적 그리고 문화적으로 서로 다른지 그 실상을 이해해야 한다.
4. 영어가 어떻게 특별한 배경 하에서 발달해 오고 또 어떻게 전 세계로 확산됐는지 이해해야 한다.
5. 지역 사회에서의 영어의 역할과 이 역할들이 그 지방의 다른 언어들과 어떻게 밀접한 관계를 갖는 것인지 이해해야 한다.
6. 영어교육 교재들을 비판적으로 냉철하게 평가할 수 있는 안목을 가져야 한다. 이것은 영어교육 교재들이 특정 영어품종이나 문화를 홍보하기 위해, 명시적으로든 암시적으로든 다른 품종이나 문화의 평판을 훼손시키는 일이 없도록 해야 하기 때문이다.
7. 지도받는 학생들의 특수한 욕구를 감지하여 그들의 욕구에 맞추어 지도할 수 있어야 한다.
8. 정규학과목 지도 이외에 소속기관이 수행해야 하는 과외활동에도 공헌할 수 있도록 준비가 되어 있어야 한다.

오랫동안 영어교육 영역에서는 원어민 화자만이 언어능력의 우월성 때문에 이상적인 영어교사가 될 수 있다고 생각해 왔다. 그러나 요즈

음 많은 학자들은 비원어민 화자가 영어교사로서 장점을 보유할 수 있다는 점을 강조하고 있다. 원어민 화자는 의사소통의 4가지 능력 중에서 말하기나 듣기 능력 등 구어 능력(Spoken Language)에만 언어 능력이 우월할 수 있다. 그러나 원어민 화자는 비원어민 화자가 그들의 고유한 언어나 문화에 대해서 알고 있는 지식적인 측면과 비교해 볼 때는 부족한 면이 있다는 점을 인정해야 한다. 따라서 원어민 영어 화자가 영어교사로서 최선의 선택이 될 수는 없다. 언어능력 면에서는 비원어민 영어 화자도 훈련을 통해서 그 능력을 향상시킬 수 있다. 또한 이상적인 영어교사는 언어능력 뿐만 아니라 교육학, 심리학, 지역학, 문학 등 목표언어 및 문화에 대한 주변 학문적 지식이 풍부해야 한다. 학습자의 모국어와 배경이 동일하고, 또 학습책략 및 교수방법을 연구하여 창의적이고 흥미로운 수업을 진행할 수 있는 비원어민 영어 화자라면 원어민 영어 화자에 비해서 더 훌륭한 영어교사의 자질을 구비했다고 판단할 수 있다.

연구과제

1. 원어민 영어 화자와 비원어민 영어 화자가 영어교사로서의 역할을 담당할 때, 각각의 장점과 단점을 기술하시오.
2. 세계공용어로서 활용되는 영어를 지도하기 위해서 영어교사가 반드시 갖추어야 하는 자질을 5가지 이상 설명하시오.

제3부
글로벌시대의 아시아 영어

21세기가 시작될 때에야 유럽의 영어는 아시아 영어처럼 영국 영어나 미국 영어의 규범을 존중해야 한다는 개념을 거부하면서 그 자신의 정체성을 주장하는 독특한 품종 또는 독특한 품종들의 집단으로서 등장하였다. 영어가 사업·상거래 등 일부 분야에서만 유럽 공통어로서의 구실을 하는 게 아니라 사교 용어로서도 그 자리를 잡아가는 등 광범위한 의사소통적 환경에서 유럽의 공통어로서 발전하고 있다는 것은 이제 분명해진 사실이다.

그러므로 성문화한 아시아 영어들의 발전은 유럽에서 영어가 변화될 모습들을 예견할 수 있도록 해준다. 아시아 영어와 유럽 영어 사이의 또 다른 유사성은 둘 다 정의상으로 이중언어주의 또는 다중언어주의의 맥락 안에서 그들의 영어품종을 발달시킨다는 것이다.

또한 아시아와 유럽의 영어들은 제도화되었거나 안 되었거나 간에 모두 비원어민 영어라는 공통점을 안고 있다.

아시아 영어들은 지역적으로 분류할 수 있으며 또 기능적으로도 분류할 수 있다. 지역적으로 분류하자면 그들은 전형적으로 세 그룹으로 분류된다. 동남아시아와 동아시아 품종들은 종종 동일한 그룹으로 간주되기도 한다. 〈도표 1〉은 아시아 영어를 지역별로 분류한 내용을 제시하고, 〈도표 2〉는 사용방법으로 분류한 아시아 영어를 제시하고 있다.

아래의 국가들 중에서 적절한 능숙도를 가지고 제2언어로서의 영어를 구사하는 화자들의 수는 인도 3700만 명, 필리핀의 3700만 명, 파키스탄의 1600만 명으로 부터 스리랑카 및 홍콩의 각 200만 명, 싱가포르의 100만 명이 조금 넘는 수, 브루나이의 불과 104,000명, 브루나이의 불과 6만 명에 이르기까지 다양하다. 그러나 위의 숫자만 보아서는 어떤 국가들에서 총 인구 중 상당히 큰 비율을 점유하는 숫자의 사람들이 제2언어로 영어를 사용하고 있는지 알기가 쉽지 않다. 예를 들면 싱가폴의 경우 총인구의 1/3이 넘는 사람들이 영어를 사용하지만 숫자로 따진다면 약 300만 명의 전체 인중에서 영어 사용자는 100만 명이 넘을 뿐이다.

〈도표 1〉 지역별로 분류된 아시아 영어들

남아시아 품종들	동남아 및 태평양 품종들	동아시아 품종들
방글라데시 부탄 인도 몰디브 네팔 파키스탄 스리랑카	브루나이 캄보디아 피지 말레이시아 미얀마 필리핀 싱가포르 태국	중국 홍콩 일본 한국 대만

〈도표 2〉 사용 방법으로 분류한 아시아 영어들

제도화된 품종들(외적 범주)	비제도화된 품종들(확장 범주)
방글라데시, 부탄, 브루나이, 피지, 홍콩, 인도, 말레이시아, 네팔, 파키스탄, 필리핀, 싱가포르, 스리랑카	캄보디아, 중국, 인도네시아, 일본, 한국, 라오스, 몰디브, 미얀마, 대만, 태국, 베트남

또 다른 예가 있는데, 홍콩의 경우, 200만 명이 채 안 되는 사람들이 영어를 제2언어로 사용하지만 그 숫자는 홍콩 전체 인구의 거의 1/3에 육박한다. 그 반면에, 인도의 경우는 단지 4%만이 영어를 제2언어로 사용하지만 총 인구가 10억에 이르는 덕분에 그 숫자는 엄청나다. 남아시아 영어들은(몰디브는 예외) 외적 범주에 속한다. 인도, 스리랑카, 파키스탄 그리고 방글라데시 영어들은 집합적으로 남아시아 영어그룹으로 특징지어 지고(Crystal, 1997: 133), 이 집단 내에서도 인도와 스

리랑카의 영어가 가장 발달했고 또 기록을 잘 보존하고 있다. 이와 정반대로 부탄, 몰디브 그리고 네팔의 영어에 대해서는 알려져 있는 정보가 거의 없다. 이 나라들은 역사와 문화 측면에서 그리고 영어가 각 국가에서 비슷한 역할을 담당하는 비슷한 엘리트 그룹에 의해 유지되는 방식에서 많은 공통점을 가지고 있다(Kandiah, 1991).

반면에 차이점도 있다.

식민통치시대 이후의 방글라데시를 예로 든다면, 전통적으로 영어와 영어구사자들이 지배해 왔던 '근대적' 활동영역에 비영어구사자들이 진출할 수 있게 해주고, 이런 것을 해 줄 수 있을 정도로 강력한 권한을 가진 자리에 비 영어구사자들이 오를 수 있도록 문호를 개방해 줄 만큼 이 나라에서는 공공의 이익을 위한 범주 밖의 영어에는 비교적 관심이 없었다. 얼마 전까지 파키스탄도 동일한 사정이었는데 최근에 와서 파키스탄은 그 자신의 독특한 영어품종을 개발하는 데에 관심을 가지기 시작했다. 그렇지만, 현재의 파키스탄 영어는 영국식 영어를 기준으로 하여 외부 규범적(즉, 외부의 규범에 의존하는)인 발전의 조짐을 보인다(Kandiah, 1991).

그 와는 반대로 인도는 총 인구 중 영어사용자의 비율이 더 낮지만 파키스탄과 방글라데시가 배울 정도로 인도 영어는 실용적 활용이 함축하는 한계를 넘어 잘 운용되고 있다.

인도에서는 영어가 다양한 말들을 모국어로 하는 국민들 간의 중립적 의사소통 언어로서의 통합적 기능을 수행하는 측면이 크고, 그 결과로 영어는 인도의 국민의식 및 민족 주체성과 밀접한 관련을 맺고 있다. 오늘날 인도 영어는 영국 식민지 시절의 옛 기준들을 따르기보다는 음운체계, 구문론, 어휘론, 담화론 등의 각 분야에서 그 자신의 특성을 발전시킨 하나의 품종으로서 광범위한 분야에 걸쳐 공공적 기능 및 개인적 기능들을 수행한다.

인도 영어와 마찬가지로 스리랑카 영어도 공공적인 측면과 개인적인 측면 모두에서 광범위한 지역적 기능을 자임하고 있지만 인도와는 달리 정치적인 이유로 지금까지는 서로 다른 모국어를 쓰는 사람들 간의 의사소통에서 영어가 중립적 역할을 담당하지 못하고 있다. 최근들어 전쟁 중인 신할리 족과 하밀 족 사이를 연결해 주는 언어로서 영어사용을 촉진하고 있지만 이 정책은 영어를 배우고 쓰는 데 대한 두 민족 간의 다른 성향 때문에 성공하지 못할 것 같다(Canagarajah, 1992: 82).

대부분의 여타 외적 범주 국가들과 마찬가지로, 브루나이도 언어적으로 다양하다.

브루나이는 말레이시아 언어를 공용어로 하는 말레이어 집단에 속하며 이 나라에서는 브루나이식 말레이어가 가장 널리 쓰인다. 영국의 식민지였던 관계로 모국어를 제외하고 나면 영어가 가장 중요한 언어이며, 교육, 법률, 언론분야에서 중요한 역할을 맡는다. 1993년에 진행된 연구(Jones, 1997)에서 브루나이 사람들을 말레이어와 영어를 모두 다 배우고, 또 두 언어 모두에서 능숙해지고 싶어한다고 보고한 내용으로 미루어 볼 때 이 지역에서의 영어에 대한 사고 방식은 긍정적인 것이라 생각된다. 교육받은 브루나이 인들 간에는 말레이어와 영어 간의 언어 코드 변환(말하는 도중에 언어를 바꾸는 것)이 흔히 일어난다. 브루나이의 말레이인들도 장래에는 싱가포르의 말레이인들처럼 집에서 영어로 대화하는 등 영어 사용의 비중을 더 높이고 뒤이어 브루나이 영어라는 더 뚜렷이 구분되는 품종을 출현시키는 일도 가능할 것으로 보인다. 피지에서는 총 인구 791,000명의 20%가 넘는 수 또는 160,000명(Crystal, 1997: 57)이 제2언어로서 영어를 사용한다.

영어는 이 나라의 국어이고 교육, 행정업무와 사업에서 활용된다. 여러 외적 범주 국가들처럼 영어는 피지의 여러 민족 집단들 간에 의사소통 언어로서의 구실을 한다. 이용 가능한 자료가 지금까지 그리 많지는 않았지만, 그 자료들로부터 우리는, 피지 영어는 이내 모국어 품종의 영어와는 다른 특성들을 많이 지닌 독특한 지역 품종으로 발전했음을 알 수 있다.

말레이시아의 경우를 살펴보면, Pennycook(1994: 217)이 말한대로, 말레이시아의 영어에는 부침(浮沈)이 있었는데, 말레이시아의 영어는 성했다가 기울었다가 다시 성하고 있는 바, 영어의 성쇠는 이 나라에서 항상 논쟁의 중심에 있어 왔다. 사실상 80개의 언어가 쓰이고 있는 말레이시아에는 종족간 제일 공통어이면서 국어인 말레이어, 두 번째로 중요한 언어인 영어, 그리고 중국어, 타밀어와 다른 인도어 등이 여러 민족 공동체 내에서 사용되는데 그 중 타밀어와 인도어는 주로 가족들간 그리고 사교와 종교영역에서 사용된다. 말레이시아에서의 민족주의의 성공과 말레이시아 언어를 국어로서 정착시킬 수 있다는 자신감 덕분에 영어가 다시 한 번 말레이시아 교육제도 안에서 굳게 자리잡게 되었지만, 한 동안 영어 사용이 쇠퇴했던 탓에 말레이시아인들 간의 영어 숙달도에 있어서의 차이는 그 폭이 넓어졌다. 영어가 가장 능숙한 사람들은 영어를 전달 매체로 교육받은 말레이시아의 엘리트 계층인데 바로 이들이 앞으로 말레이시아 영어의 규범을 세우고 영어 습득 목표의 본보기가 될 사람들이다. 이 영어 화자들은 영어와 말레이어 간의 코드 스위칭(code switching: 말하다가 언어를 바꾸기)을 자유자재로 하게 하는 복합 언어 목록에 의지하여 영어를 말하기 때문에 말레이시아 영어의 품종을 진화시킬 때 이들이 말레이 어로부터 억양을 빌려올 수 있는 범위가 클 것이다. 싱가포르 영어를 포함한 모든 동남아 영어 변종들 중에서 아마 필리핀 영어가 가장 철저히 연구되었을 것이다. 이중언어 - 영어와 필리핀어(타칼로그어에 뿌리를 둔) - 교육정책이 1972년에 채택되고 현재 각급 학교들 모두에서 시행 중인 필리핀에서는 영어가 광범위한 다문화간 의사소통을 담당하는 한편, 필리핀어는 국가 공용어로서의 역할을 수행하고, 제2언어는 영어이다. 1960년대 후반부터 필리핀 영어의 기이한 발음과 문법 특성은 오류라기 보다는 변종이 갖는 타당한 특성으로 간주되기 시작했는데, 이때부터 독특한 변종임에도 불구하고 필리핀 영어는 문서기록을 유지해 오고 있다.

능숙한 영어 사용자들 간에 친근성과 친밀한 관계를 정립하기 위한 비공식 분야(Mix-mix)로 알려진 정형화된 코드 믹싱(code mixing)에서부터, 세심한 대화 및 쓰기를 위한 필리핀 표준 영어에 이르기까지 그 사용법상의 차이가 있음으로, 필리핀 영어에서는 나이든 세대와 젊은 세대 사이에 심각한 차이가 나타나고 있다(Tay, 1991).

이렇듯 영어는 이미 아시아에서 안정적으로 자리를 잡고 있다. 지역별로 정도의 차이는 있지만 이제부터 가장 필요한 것은 이들 영어에 대한 더욱 더 깊이있게 연구를 진행하는 것이다.

이 단원에서는 아시아의 인도, 홍콩, 싱가포르, 필리핀, 중국, 일본, 한국에서 최근에 일어난 영어사용 분야에서의 진전 상황들을 살펴볼 것이다. 특히 지역품종 영어의 역할들과 지역품종 영어들을 바라보는 시각에 대해서 숙고할 것이다. 이들 나라의 영어들이 선택된 이유는 아시아 국가들의 영어 간에 공통된 사항들이 어느 정도 있기는 하나 영어가 각기 다른 정황에서 그 기능을 가지는 방식과 그 사용자들이 자신들의 영어에 대해 가지는 사고방식이라는 두 측면에서 중요한 차이를 보여주기 때문이다. 특기할 사실은 인도 영어는 확고히 자신의 위치를 정립했고 하나의 품종으로서 널리 인정받고 있으며 중국 영어는 그 발달이 아직 미숙한 단계에 놓여 있으며 중국지역 안팎에서 모두 대다수 사람들에 의해 별개의 품종으로 인정받지 못하고 있음에 비하여 홍콩 영어의 사정은 부동적(浮動的)이라는 것이다.

1장. 인도 영어

※ 역사적 배경

- 1947년 : 인도 독립
- 1950년 : 인도 헌법에서 힌두어를 '국어'로 영어를 '공용어'로 지정함
- 1967년 : 수정된 국어법에서 영어를 '준국어'로 지정하고 힌두어, 영어 병용정책 채택

Crystal은 인도에서 약 2억의 인구가 제2언어로서의 영어를 사용하고 또 35만 명이 영어를 모국어로 하고 있다고 주장한 바 있는데, 이를 바꾸어 말한다면, 인도에서 영어를 사용하는 사람의 수는 미국에서 모국어나 제2언어로서 영어를 사용하는 사람들의 수(약 2억 4천백만 명)와 거의 같다는 뜻이 된다. 이와 달리 Kachru(2006:453)는 인도의 영어사용자 수는 3억 3천 3백만에 육박한다고 주장하는데 만일 그의 주장이 사실이라면 인도의 영어사용자 수는 미국의 그것을 상회한다는 말이 된다. 누구의 주장이 맞든 간에 한 가지 분명한 사실은, 그리 멀지 않은 장래의 어느 시점에 중국이 영어 화자 수면에서 인도를 앞지를 것이 번하다 하더라도, 적어도 지금 당장은 전 세계에서 영어 화자가 제일 많은 두 나라를 꼽는다면 인도가 그 두 나라에 반드시 포함된다는 것이다.

Macaulay가 인도 최고 평의회 의장직을 수행하기 위해 캘커타에 도착한 직후에 발표했던 저 유명한 Macaulay의 1835년 메모에 인도 최초의 영어 언어 정책이 다음과 같이 명시되었다:

우리는 지금, 우리와 우리들에 의해 통치 받을 수많은 사람들의 중간에서 통역을 해줄 수 있는 계층을 형성하기 위하여 최선을 다해야 한다; 그 계층이란 혈통과 피부색은 인도인이지만 취향이나, 견해, 도덕률 그리고 지성 면에서는 영국인이라 할 사람들의 계층을 뜻한다. 그 계층의 사람들에게 그 나라의 토속어를 정제하고, 서구식 명명법으로부터 빌려 온 과학용어들로 토속어를 풍요롭게 만들며, 점차적으로 거의 대부분의 인도 인구에 지식을 전달할 적당한 수단(매개체)을 제공하는 일들을 맡길 수 있는 것이다. (Bailey, 1991 : 138)

Mccaulay의 메모에 명시된 내용이 영국정부의 공식적인 언어 정책이 되었고 인도의 행정, 교육 및 사교분야에서 영어가 우선시되게 만들었다. 영어를 교육매체로 하는 대학교 및 기타 학교들과 영어 언론기관이 인도에 설립되고, 이들의 설립은 영어가 인도 언어들을 서서히 잠식하는 일에, 그리고 인도 언어들이 가지던 공식어이자 으뜸 공용어로서의 역할을 영어가 단계적으로 잠식하게 하는 데에 기여했다.

1947년 인도가 독립을 얻은 이후, 특히 힌두어 옹호 진영이 나서서 민족주의적 감정에 힘을 보태주고자 한 시도에 힘입어 1950년에 제정된 인도 헌법에서는 힌두어가 국어로 선포되기는 하였으나, 영어는 계속해서 향후 15년 동안 공식적인 용도로 사용된 후 점차적으로 힌두어에 그 자리를 넘겨주도록 마련되었다. 이 정책은 남부 인도의 반힌두어 정서 때문에 부분적으로 실패한 것으로 드러나게 되었고 1967년에 제정된 국어(수정)법이 영어는 '준(準)' 국어이며 국가적 차원의 모든 공식 업무에 힌두어와 나란히 계속적으로 병용될 수 있음을 규정하였다. 뿐만 아니라, 헌법에서는 18개의 지역 언어들을 각주의 공식 언어로서 기능할 권능을 가진 것으로 인정해 주었다.

하지만, 영어가 힌두어 대신 주요한 공용어로서 계속 사용되며, 남부 인도 및 북동부 인도의 여러 주들에서는 영어를 공용어로 삼고 있으므로, 실제로는 인도정부의 정책과 현실상의 언어사용 사이에는 상반된 점이 두드러진다 하겠다. 오늘날 인도에서 영어 원어화자들과의 대화보다는 인도인끼리의 대화에서 주로 영어가 사용되는 등, 국가적 영어 사용은 독립 이후의 시기에 사실상 꾸준하게 성장해 왔다. 이렇게 영어의 사용이 늘어난 것은 이들 지역에서의 반 힌두어 정서가 주된 이유는 아니지만, 의사소통의 폭이 넓은 중립언어로서의 영어의 역할이 작용했기 때문인 것은 분명하다. 영어의 사용이 증가한 더 중요한 이유로는 인도 내에서나 국제적으로나 모두 인지된 영어가 가진 유용성, 영어가 인도의 토착 언어들을 말살시킨게 아니라 오히려 그들과 상호보완적인 작용을 하는 점, 그리고 자신의 문법규범, 어휘규준, 음운체계규범 및 담화규준을 가진 하나의 언어 품종으로서의 모습으로 나타나는 인도 영어가 꾸준히 자신의 정체성을 성장시켜온 점 등을 들 수 있다. 인도의 지역문화규범에 적응하는 과정에서, 인도 영어는 인도 언어들 및 인도사회의 행동 양식과 영국의 그것과의 상호작용을 통하여 그 자신의 품종으로서의 특성들을 발전시켰다. 이런 특성들은 영국 영어와 아주 중대한 양식상의 차이를 보이며, 아직도 다른 나라에서 현지화된 영어품종들을 중간언어나 화석화된 언어로 보고 있는 학자들은 이 특성들을 비정상적인 것이라 여기고 있다. 영어의 인도화의 일면에는 기본적으로 현존하는 영국 영어의 특성들을 원본으로 삼아 각색하는 일이 수반되는데, 또 다른 면을 보면 특정개념의 표현 영역이 영국 영어에는 없을 경우 – 달리 표현하자면, 영국 영어로는 표현이 어려운 경우에는 인도 언어의 항목들을 그대로 가져다가 사용하는 일도 여기에 관련이 된다. 담론의 차원에서 논하자면,

인도 영어는 부호전환과 부호혼합을 아주 많이 사용한다.

다음에는 인도 영어의 위상에 대해서 상반되는 두 인도인의 견해를 비교해 보고자 한다.

무상(無上)의 모국어

'영어로 생각하기가 시작 단계에 와 있다'는 작가 Ruchira Mukherjee의 주장에 대하여 말씀드리고자 합니다. 제가 질문하고 싶은 요지는 인도인이 영어로 생각하는 일이 과연 가능한지입니다. 생각에 관한 한 사람은 그의 모국어로만 생각할 수 있다는 것이 저의 소견인데 말입니다.

영어는 모든 인도인에게 이질적인 언어이기에 어느 인도 영어로 생각할 자질을 가지지 못합니다. 왜냐하면(학습대상의) 목표어(여기서는 영어)를 모국어와 똑같이 편안하게 구사한다는 것은 언어학적으로 거의 불가능한 일이기 때문입니다.

저의 경우 아동기 초반부터 페르시아어를 쓰고 있는데, 페르시아어는 사실상 제가 제일 먼저 익힌 외국어입니다. 저는 이란이나 중앙아시아의 원어민에 가깝게 페르시아어를 구사할 수 있는 바, 제가 쓰는 페르시아어는 전형적인 원어민적 특질을 갖추고 있으며 각종 문어적·구어적 관용어들로 가득 차 있습니다.

저의 거의 모든 글쓰는 작업은 페르시아어로 이루어지고 있지만 그래도 페르시아어는 제 의식 속에 자리 잡고 있는 언어라 할 수는 없습니다.

저의 모국어인 벵골어는 항상 저에게 자연스럽게 느껴지고 그것은 저의 사고 과정을 지배합니다. 이러하듯이 아무리 영어가 능통하다고

해도 그 사람이 원어민과 같은 감각력을 가질 수는 없다고 봅니다.

영어와 영어처럼 모국어보다 상대적으로 늦은 시기에 배운 다른 외국어들을 때때로 압도하는 모국어의 뿌리 깊은 영향력을 절대로 없앨 수는 없습니다. 영어는 인도인의 언어적 정신구조에서 언제나 보조 역할을 담당하는 데 그치게 될 것입니다.

(Maharashtra Herald, 1998년 10월 13일자; D'Souza, 2001 : 148)

모국어란 무엇인가?

10월 13일차 귀지(貴紙)에 실린 Sumit Paul의 편지, '무상(無上)의 모국어'라는 題下의 투고 내용은 옳다고 볼 수 없습니다. 그는 인도사람이 과연 영어로 생각할 수 있느냐 하는 문제에 관해 회의적인 태도를 보입니다.

우선, 모국어에 관한 정의부터 내려 보고자 합니다. 프랑스어나 영어 또는 다른 어떤 언어도 인도사람의 모국어가 될 수 있습니다. 한 개의 모국어는 유년시절에 배우는 말인 것입니다. (예컨대 부모로부터 배우는 언어를 말함).

두 번째로, 만일 어떤 이의 부모가 예를 들어 말하자면 벵골인인데 자신의 아이에게 벵골어를 쓰지 않고 영어로만 말했다면, 그 아이의 모국어는 벵골어가 아니고 영어인 것이라는 점을 말씀 드리고 싶습니다. 언어는 유전되는게 아니라 배워서 습득하는 것입니다.

Sumit Paul씨는 어떻게 영어가 모든 인도인에게 이질적인 언어라고 주장할 수 있습니까? Sumit씨는 인도국민 전체의 대변인이 아닙니다. 부모의 언어는 힌두어나 말라얄람어 등의 언어이지만 자신의 모국어, 더 나아가 가족언어는 영어인 사람들을 저는 개인적으로 많이 알고

있습니다.

그들은 다른 어떤 언어보다도 영어에 뛰어납니다. 심지어는 모국어나 가족언어가 영어가 아니라 할지라도 다른 언어보다 영어를 가장 뛰어나게 잘하는 사람들도 여러차례 보았습니다. 그 좋은 예가 공무원(관리)들의 가족들입니다. Paul씨의 추정은 모든 인도인들은 부모의 언어를 먼저 배우고 나서 영어를 배우며, 그들이 영어보다 부모의 언어를 더 잘하는 것은 당연시 된다는 것입니다. 더 나아가, 그는 모든 사람은 그들 부모의 모국어를 먼저 배우며 부모와 똑같은 언어를 사용하는데, 그것을 모국어라고 부른다고 추정했습니다.

(1998년 10월 17일자 Maharashtra Herald지에 게제된 것을 D'Souza 2001:149가 인용함)

연구과제

1. 인도가 영어를 접하고, 인도 영어가 발전하게 된 역사적 배경을 설명하시오.
2. 인도 사회에서의 영어의 위상을 설명하시오.

2장. 홍콩 영어

※ 역사적 배경

- 1842~1997년 : 영국의 식민지
- 1942년 제1차 세계대전 시기 : 영어는 식민통치의 목적으로 홍콩에서 활용됨
- 1911년 : 홍콩대학교 설립
- 제1차 세계대전~제2차 세계대전 : 서구식 교육을 받은 지식인 집단이 홍콩 사회의 전문직에 진출
- 1960년대 이후 : 폭넓은 의사소통 활동에 영어가 사용됨
- 1970년대~1990년대 : 부유층 계급은 외국유학, 평민 계급은 Anglo-Chinese 학교에서 이중언어교육을 받음

홍콩의 인구는 7백만 명이 넘는데 그중 거의 250만 명이 영어를 사용할 수 있다. 그렇지만 이 사실은 홍콩이 1997년에 영국 왕령식민지에서 중국의 특별 행정구로 바뀐 이후 홍콩인구 수가 큰 폭으로 변화하지 않았다는 가정을 전제로 한다. 홍콩은 1842년부터 1997년까지 영국의 식민지이었고 처음 100년의 식민통치 기간 동안 언어장벽, 인종적 편견과 문화차이 때문에 영국 주민들과 중국 주민들은 서로 분리되어 생활을 영위했었다. 그들 간의 접촉이 있었던 경우는 주로 사업상의 이유 때문이었는데 이 때의 의사소통은 대부분 피진 영어로 이루어졌다(Evans, 2000:198).

영국 통치 시작에서 제1차 세계대전까지의 몇 년 동안 영어는 홍콩에서 식민통치의 목적에 국한되어, 특히 정부의 행정영역, 사법영역 그리고 전문직 및 교육의 영역에서 제한적으로 사용되었다. 그리고 나서 제1차 세계대전과 제2차 세계대전 사이의 기간 동안 서구식 교

육을 받은 중국특권층이 사업에 투신하고 전문직에 진출하기 시작했으며 1960년대에 이르러서 영어는 적은 수의 중국특권층에 의해서만 사용되던 식민지 언어에서 지역 내 폭넓은 의사소통에 이바지하는 중요한 언어로 변형되었다.

이렇게 영어의 변형이 일어나게 된 데에는 '홍콩이 낙후된 한 식민지에서 일류의 상업 및 금융의 중심지로 변신했다는 점'(Evans, 2000:198)이 크게 작용했다. 그리고 같은 시기에 영어가 국제적 공용어로 부상(浮上)함에 따라 상당수의 중국인들이 영어를 능숙하게 구사할 필요성을 느꼈다는 점도 영어의 변모에 영향을 끼친 것이다.

지금 홍콩에서는 7백만 명이 넘는 사람들이 영어를 사용하고 있는데 그 중 삼분의 일(1/3)의 국민들이 영어를 제2언어로 사용한다. 이 사실은 영어를 제2언어로서 영어를 사용하는 인도인의 수를 최대한 높게 산정할 때의 인도 총 인구 중 그 점유비와 서로 비슷하다는 것을 의미한다. 그리고 제2언어로 영어를 쓰는 인도인의 수를 2억 명으로 보는 것이 아주 통상적인 추산인데 이 추산을 근거로 한다면 홍콩에서의 제2언어 영어 화자의 비율은 인도보다 훨씬 더 높게 추정된다. 그럼에도 불구하고 홍콩 영어는 영어의 한 품종으로서 인정받기에는 그 지위가 인도 영어에 비하여 훨씬 덜 확고하다. 홍콩 영어는 때때로 그 존재를 인정받기도 하나, 제2언어로서 영어를 사용하는 많은 홍콩인들이 동경할 만한 품종이 못 되는 것은 분명한 사실이다. 많은 홍콩인들은 홍콩 영어를 흡족히 여기는 대신 아직도 영국 영어의 단정한 규준에 대한 애착을 느끼고 있는데, 이 때문에 홍콩 영어가 외적 범주의 영어로 왕왕 분류됨에도 불구하고, 일각에서는 홍콩 영어가 확장 범주에 속하는 것으로 간주하기도 한다.

아래의 사실이 위에서 언급된 요소들이 생겨나게 한 원인인 것인지 아니면 위의 요소들이 영향을 준 결과로 아래의 사실이 생긴 것인지는 모르겠으나, 인도 영어와는 다르게, 정통의 홍콩 영어가 존재함을 인정하게 해 줄만한 사전과 교육용 문법 등의 참고 서적이 저술된 예를 찾아보기 힘들다. 한편, 홍콩의 영어교사들 사이의 중론을 조사해 본 바, 시일이 좀 더 지난 후라야 현지의 지역영어가 교수법상의 본보기가 될 것임이 시사되고 있다. 홍콩 영어교사들의 사고방식을 알아보기 위한 한 조사에서, 그들에게 정확성과 용인성의 본보기를 어디에서 찾는지 물었는데, 응답자의 압도적 대다수(그중 2/3는 영어 원어민 화자들이었음)가 영어가 모국어인 나라들에서, 그 중에서도 특히 영국에서 찾는다고 답했으며, 자신들의 지역인 홍콩을 출전(出典)으로 삼기를 꺼려하거나 심한 경우 비난을 가했다. 1,234명이 작성한 응답 중 그 어느 곳에도 홍콩 영어라는 용어 자체가 없었고 원어민 영어의 규범으로부터 일탈하는 것을 긍정적으로 보는 언급은 찾아볼 수 없었다. 물론 이것은 많은 수의 응답자들이 영어 원어민 화자들이었다는 사실과 관련이 있을 수 있다. 그러나 영어를 제2언어로 구사하는 응답자들로부터도 홍콩 영어에 고유성이 있다는 증거를 찾아볼 수 없었다.

그리고 Joseph(2004 : 160)이 지적한 바와 같이:

홍콩 영어에서 일어나는 오류들(지속적으로 발생하는 오류들만이 여기에 포함됨)은 뚜렷한 홍콩의 독자성이 언어로 표현되는 요소들이라는 사실을 교사들이 인식하게 될 때에만, 홍콩 영어가 표준 영어로부터 일탈된 존재로서가 아니라 표준 영어의 한 형태로서 등장하여 용인되기 시작할 것이다.

Luk와 Lin(2006)이 지적한 바 있듯이, TOEFL, IELTS와 같이 현지

인들에게 큰 부담감을 느끼게 하는 구미식(歐美式) 영어시험이 시작되면서 이 시험들과 함께 홍콩에 진출한 원어민 교사들이 영어교사 중에서 점유하는 비율이 지금처럼 큰 동안은 교사들이 이런 인식(홍콩 영어에 대한 자긍의식(自矜意識))을 가지는 일이 불가능할지도 모른다.

그럼에도 불구하고, Bolton(2000 : 267)은 이제 아시아지역의 다른 영어들과 동등하게 홍콩 영어의 자율성을 인정해 줄 수 있는 여건이 마련되어 있는게 아니냐고 의문을 제기한다. 여기에 그치는 것이 아니라 그는 홍콩식 말씨(Hung, 2000과 Deterding, 2006이 한 것처럼)와 홍콩 영어 특유의 어휘의 두 영역 모두에서 믿을만한 근거를 제시한다.

Kirkpatrick(2007a : 140)은 일반적으로 알려져 있는 것보다 더 다양한 종류의 중국어가 홍콩의 중국인들 사이에서 사용되고 있음을 관찰한 바 있는데, Bolton(2003 : 90)은 이와는 대조적으로, 홍콩의 비 중국계 소수 주민들을 놓고 볼 때에 종래에 인식되고 있는 것보다 더 다양한 민족들이 살면서 더 다양한 언어들을 사용하고 있다고 지적한다. 홍콩이 이와 같은 다중언어 사회라면 홍콩지역 영어는 어엿한 한 품종으로 발전하여 그 지역 공용어로서의 기능을 담당하게 될 여지가 충분하다고 하겠다. 여기에 덧붙여 Kirkpatrick(2007a)은 1997년에 홍콩이 중화인민공화국에 반환되는 결과로 홍콩의 중국인들끼리 느끼는 동질감이 형성될 것이라고 주장한다. 홍콩 주민들이 생각하기를, 영국의 통치기간은 '자애롭고 방임적이던 정부의 시대'였으며, '번영의 전망과 안보로 정치적 안정의 삶터'를 주던 시대라고 회상할 것인 바(Li 2002 : 40), 이러한 동질감은 또 영국을 그리워하는 감정을 키워줄지도 모른다.

Schneider가 제창한 새로운 영어들의 역동적 진화모형(2003 : 243-54)에 따르면, 식민지 이후 시대의 영어는 설립, 원어권 시각에서 본 안정화, 토착화, 현지인 시각의 안정화, 차등화의 5단계를 거치면서 발전한다고 한다. Schneider는 어휘부문에서 홍콩 영어만의 독특함이 생겨난 증거를 고려하고 또 '자신의 독특한 규칙과 특성들을 만들어 나가는 (Peng과 Setter, 2000) 홍콩 영어의 말씨가 존재함이 분명하다는 징표를 고려할 때, 홍콩 영어는 지금 세 번째 단계에 와 있는 것이라고 주장한다. 그는 Bolton이 믿는 바처럼, 이 말씨가 '긍정적으로 평가받는, 홍콩 학생들이 가지는 동질감의 근원으로 여겨지기 시작하고 있다'고 믿는다 (Schneider, 2003 : 260). 그렇다면, 왕왕있는 바와 같이 언어변화의 주도는 젊은이들에 의해 이루어질 것이고, 아마도 홍콩 영어는 홍콩의 젊은이들을 통하여 Schneider가 말하는 진화의 4번째 단계로 진입하여 그 규범을 외부의 영국 영어에서 구하지 않고 제2언어로서의 영어를 안정적으로 구사하는 단계에 오를 것이다.

〈도표 1〉은 홍콩 영어에서 찾아볼 수 있는 특징적인 어휘들을 정리한 것인데, 이러한 내용을 통해서도 홍콩 영어가 자체적인 발전과정을 거치고 있음을 알 수 있다.

Kachru(1992b)는 홍콩 영어를 외적 범주에 속하는 것으로 분류했다. 홍콩도 한 때 영국의 식민통치를 받은 것은 사실이지만 홍콩 영어는 싱가포르 영어나 필리핀 영어처럼 만만찮은 위상을 확보하고 있는 것은 아니다. Bolton(2000: 265)은 "인도 영어, 말레이시아 영어, 필리핀 영어 및 싱가포르 영어는 과거 20년 동안 널리 그 품종으로서의 존재가 수용되었지만 홍콩 영어는 상대적으로 거의 주목을 받지 못했다"고 주장하였다.

〈도표 1〉 홍콩 영어의 특징적 어휘

1. ABC	2. Ah	3. Astronaut	4. BBC
5. big brother	6. black hand	7. black society	8. Bolei
9. Buddha's delight	10. canto-speak	11. canto star	12. char siew
13. china doll	14. Chinglish	15. chit	

해답

1. an Australian-born chinese/American-born chinese
2. 비공식적 주소 용어 : Ah Sam/Ah Chan
3. 홍콩 공적(公賊)사회에서 가장 높은 경력계층의 공무원
4. a British-born Chinese
5. 중국에서 일가(一家) 중 가장 연장자인 남자형제를 일컬을 때 쓰는 가족 관계용어 또는 중국비밀조직이나 삼합회의 조직책이나 비호인(庇護人).
6. 정치활동이나 범죄행위들을 기획, 지시하는 배후조종자
7. 중국의 비밀조직사회 또는 삼합회
8. 강한 풍미를 가진 홍차의 한 품종
9. 두부, 견과, 참나리와 머리카락모양의 해초로 만들었고 특히 음력설에 인기 있는 야채요리인데, 이 요리에 들어가는 해초이름(fat choi, 또는 머리카락 채소)의 광동어식 발음이 번영을 기원하는 신년인사와 아주 비슷해서 이 요리가 Buddha's delight(부처님의 기쁨)이라는 별명을 얻었다.
10. 광동어를 의미함
11. 광동어 대중가요를 노래하는 가수
12. 중국식 돼지구이
13. 고분고분하게 처신하는 예쁘고 젊은 중국여자
14. 중국어의 영향을 강하게 받은 영어품종 또는 외래어를 차용해 만들어진 영어의 큰 비율을 점하는 중국어 품종
15. 청구서

(출처 : Jenkins, 2009 : 156)

Tsui와 Bolton(2000)에 의하면 홍콩 인구의 약 96%가 중국 민족 출신이라고 한다. 1993년에 있었던 사회언어학 조사에서 총 인구의 91.9%가 광동어를 구사할 수 있으며 광동어가 모국어인 사람은 총 인구의 81.6%에 달한다고 밝혀졌다. 홍콩에서는 영어 사용보다 광동어의 사용이 더 보편적인 현상으로 인식되어 왔다. 1996년에 있었던

한 조사에서는 오직 3.1%만이 영어가 일상사용어라고 답했지만 전체 홍콩인의 88.7%는 광동어를 일상사용어로 쓰고 있는 것으로 나타났다. 반면, Jenkins(2003)는 인구의 1/3, 즉 총 6백만 명 중 200만 명의 사람들이 영어를 쓴다고 언명하였다.

그러나 Jenkins(2003: 136)는 홍콩인들 사이에서 영어사용이 신장되고 있음에도 불구하고(그러나 우리는, 인도에서는 영어에 관해 해박한 지식을 가진 인구가 비원어민 영어 화자의 4%에 불과한 것과 대비되게 홍콩 총 인구의 거의 1/3이 영어를 한다는 사실을 잊어서는 안된다.), 홍콩 영어는 영어의 한 품종으로서 인정되어 널리 받아들여지지 못하는 것으로 보인다고 주장한다. 홍콩 영어는 그 존재는 알려져 있으나, 홍콩인들이 배우기를 동경할 정도의 품종으로서 인정받는 것은 아닌 것으로 나타나는 것이다. 그 대신에, 많은 언어학자들은 이 부분에 대해 의구심을 표하고 있지만, 대다수의 홍콩인들은, 그중에서도 특히 영어교사들은 정확성의 표상인 영국 영어 규범에 변함없는 애정을 보이고 있다.

Bacon-Shone과 Bolton(1998) 역시 영어를 안다고 자처하는 홍콩 사람들의 백분율이 1983년의 6.6%에서, 1993년에는 33.7%로 그리고 1996년에는 38.1%로 크게 증가했다고 보고한다. 그러나 홍콩 영어는 자신이 소속된 공동체에서도 한 품종으로서 수용되지 못하고 있다. Tsui와 Bolton(2000)은 언어문제에 관한 1,000개의 메일 문자를 분석함으로써 홍콩 영어교사들의 태도를 조사한 바 있다. 85명의 비원어민 영어 화자와 17명의 원어민 영어 화자로 구성된 102명의 교사 그룹은 영어의 정확한 사용법과 수용성을 확보하기 위하여 믿을 수 있는 근거자료를 참조하는데 그들이 가장 권위 있다고 여긴 자료들은 사전과 영국을 비롯한 영어사용국에서 온 문법 책 또는 용법 참고서들이었으며 그들은 홍콩에서 출간된 책들과 홍콩의 매체들은 참고하면 안 된다고 주의했다. 영어 발음과 어휘 측면에서 홍콩 영어가 가진 지역적 특성이 많은 언어학자 및 교사들에 의해 확인되고 인정되지만, 대부분의 교사들은 홍콩 영어를 품종으로서 수용하지 않고 있는 것 같다. 그들이 채택하는 영어 모형은 원어사용권에 기반을 둔 것들이다. Jenkins(2003)는 Tsui와 Bunton의 연구 결과를 검토하고 나서 "지역 변종 품종이 교육적 모형으로 사용되는 일은 시간이 좀 더 지난 후라야 가능할 것 같다"라고 의견을 피력하였다.

Yu & Atkinson(1988)의 주장은 홍콩은 그 주민의 98%가 광동어를 쓰는 영국의 식민지였다는 것이다. 행정, 법조, 상업 및 교육 등 그 사회의 전 분야에서 영어가 주요한 역할을 담당했다 할지라도 중국어의 우세 현상은 아직도 홍콩에 강하게 남아 있다. 예컨대, 인쇄 매체에서의 중국어 우세를 거론할 수 있는바, Chan(2000)에 의하면 홍콩에서 배부되는 주요 영어 일간지는 the South China Morning Post와 Hongkong Standard 단 2종인데 비하여 중국어 신문은 약 50개나 간행되며 영어로 방송되는 TV 채널도 2개뿐이다. 그 결과 광동어가 홍콩 사회의 다양한 부문에서 우세를 차지하고 있는 강자이지만, 영어도 홍콩의 모든 분야에서 널리 퍼져 쓰이는 언어임은 무시할 수 없다. 예를 들어 보자면 홍콩 인구의 절반 이상은 영어 이름을 가지고 있으며 종종 그 영어이름을 명함에 사용한다(Bacon-Shone과 Bolton, 1998). 홍콩 사회에는 영어와 광동어가 공존하는 것이다. 영어와 광동어 간의 부호 혼합, 부호 변환은 이 사회에서 자연스러운 현상이다.

홍콩 영어 역사의 출발점은 영국과의 교역이 시작되었던 17세기 초기로 거슬러 올라간다. 처음의 200년 동안은 중국 피진영어가 광동 지방과 마카우 지방에서 발달하였다(Bolton, 2000). 그러다가 1842년에 발발한 영국과 중국간의 제1차 아편전쟁의 결과로 홍콩이 영국에 귀속되었을 때부터 영어가 가르쳐지고 널리 사용되기 시작했는데 이 때 쓰이던 영어를 광동 용어(Canton jargon)라 불렀다. 다양한 기독교 계파의 학교들의 창립에 뒤이어 1911년에 홍콩대학교가 설립되었으며 이 때 강의 매체는 영어였고 지금도 이 학교의 강의 매체는 영어이다. 1967년 공산당이 주도하여 거사한 폭동이 성공되면서 중국어도 영어와 함께 공식 교육 매체로 사용되기 시작했다. 홍콩이 공식적으로 중국에 반환된 1970년대부터 1990년대까지 극적인 경제, 사회, 교육의 변화가 홍콩에서 일어났다. 부유층 사람들은 그들의 자녀들을 외국으로 내보내 교육을 시키는 한편 가난한 계층의 아이들은 이중언어 교육의 기회를 부여 받았기에 더 많은 아이들이 'Anglo-Chinese' 중학교에서 영어를 배울 수 있었다(Bolton, 2000). 더 많은 대학교들이 설립되어 영어가 강의 매체로 널리 사용되게 되었다.

연구과제

1. 홍콩에 영어가 보급되고 발전하게 된 역사적 배경을 기술하시오.
2. 홍콩 영어가 다른 영어 품종에 비교하여 독자적으로 활용하고 있는 특징적인 어휘를 설명하시오.
3. 홍콩 사회에서의 영어의 위상을 설명하시오.

3장. 싱가포르 영어

❋ 역사적 배경

- 1819년 : 국제무역항으로 개발되어서 동인도회사에 영구 할당됨
- 1867년 : 영국의 식민지
- 1942년~1945년 : 일본의 식민지
- 1963년 : 말레이시아 연방(말라야 연방, 싱가포르, 브루나이, 북보르네오 등)에 편입
- 1965년 : 말레이연방에서 독립

Kachru(1992b)식 영어분류도표 중 외적 범주에 속하는 3개의 영어; 싱가포르 영어, 필리핀 영어 및 홍콩 영어와 Kachru 도표상의 확장 범주에 속하는 한 개의 영어, 중국 영어가 동아시아 4개 영어 변종들을 이룬다. 맥아더(McArthur, 1987)는 중앙에 이상형의 공식적 언어를 표시하는 중심원이 배치되고 다른 여덟 지역들의 영어를 나타내는 여덟 개 원들이 중심원을 둘러싸고 있는 형태로 된, 여러 동심원들로 구성된 도표를 이용하여 영어를 분류하는데, 동아시아 표준화 영어가 그 여덟 개 지역 영어 원들 중 하나를 차지한다. McArthur의 동 아시아 영어 범주는 홍콩 영어, 싱가폴 영어, 말레이시아 영어, 필리핀 영어, 일본 영어 및 중국 영어를 포함하고 있다.

우리가 동아시아 영어에 대해 논의하려고 하는 것은 이들 동아시아 국가들이 지리적으로 한국과 가까운 위치에 있어서 정신적으로 서로 가까워 보이기 때문이기도 하지만, 기술, 무역, 상업 등의 분야에서 발전을 거듭하고 있는 이 동아시아 지역에서 영어가 국제공통어로 사용

되고 있기 때문이다. King(2005)은 "아시아 지역 원주민들의 대다수에게 영어는 모국어가 아니지만, 다가올 미래에는 더욱 더 많은 아시아인들이 일상의 일들을 처리하는 중에 영어를 사용할 것으로 전망되기 때문에, 언어적 상전벽해가 일어날 소지가 다분하다. '아시아 영어'는 머지않아 세계 영어들 중 거인 같은 존재로 군림할 것이다"(p.547) 라고 서술한 바 있다. McArthur(2003) 역시 "아시아에는 태생적으로 영어가 모국어인 언어공동체는 거의 없지만(p.20)" 영어가 국제공통어로서 가장 광범위하게 쓰이고 있다고 지적한다. 더 나아가 McArthur는 이 지역의 많은 나라들이 영국 또는 미국의 식민통치를 받았으며 식민지배시대에 생긴 기독교 종파 학교들이 지금도 영어를 매체로 젊은 아시아 학생들을 교육하고 있음에 따라 이런 현상이 일어난다고 본다.

아시아 영어의 지역 변종들을 표준 품종으로 인정할 수 있는지 또는 인정해야 하는지 하는 문제는 아직 결론이 난 바 없는데, 이 문제에 대한 결론을 내리면 많은 문제점들을 해결하고 복잡한 특성들을 이해해야 하기 때문에, 이 문제에 대한 토의와 논쟁은 앞으로도 여러 해 동안 계속될 것으로 보인다. Bolton(2000: 277)은 Butler(1997: 106)가 주창한 지역 변종의 영어가 영어의 정식 품종으로 인정받기 위한 다섯 가지 기준을 참고하도록 추천하는데 그 다섯 가지 기준이란 다음과 같다: "(1) 한 세대에서 다음 세대로 물려져 온 표준이 되고 분간이 가능한 발음 패턴(말씨) (2) 물리적 사회적 환경의 주요 특성들을 반영하기 위해 등장하고 또 그 품종 특유의 것으로 간주되는 특수한 단어들과 어구(語句)들(어휘) (3) 이 영어 품종이 지금의 형태를 갖춘 것은 언어공동체의 역사 때문이라는 감각(역사) (4) 그 품종의 영어로 쓰였고 당당하게 내보일 수 있는 문학작품(문학적 창조성) 그리고 (5)

영어를 말하고 쓰는 데에 있어서 무엇이 옳고 그른지를 판단하기 위해 그 언어 공동체의 사람들이 외부의 권위가 아니라 그들 자신에게서 답을 구하는 사전들과 문체 지침서들(참고 저작물). Bolton(2000)은 홍콩 영어 품종이 이 다섯 가지 기준에 고루 미치는 품종이 못 된다고 평가했다. 그는 홍콩 영어가 다른 기준들은 충족시키지만 마지막 기준인 참고 저작물의 존재라는 조건을 충족시키지 못한다고 결론지었다. 유명하고 또 그 위치가 확고한 아시아 영어들 중 일부의 것들도 이와 마찬가지로 5가지의 모든 기준들을 엄격하게 충족시키지 못할지 모른다. 일부 학자들과 연구자들은 지역 변종 영어들을 신품종의 표준 영어라고 보기는 어렵고 그저 중간언어 단계에 머무르고 있는 정도의 것으로 평가해야 한다고 주장한다. 이와는 반대로 다른 학자들은 지역 변종 영어들이 모든 기준들을 다 충족시키지는 못하더라도 저명한 품종으로 인정받을 수 있는 방향으로 나아가고 있는 중이라는 주장을 편다.

1965년, 말레이시아로부터 분리, 독립한 싱가포르는 19세기에는 영국의 식민 통치를 받았었다. 싱가포르가 가지는 민족 및 언어의 다양성과 싱가포르의 역사적 배경으로 인하여, 싱가포르에서는 4개의 언어, 즉, 영어, 중국보통화(표준어), 말레이어 및 타밀어가 동시에 주종언어로 쓰인다(Lin, 2002). 다민족적 배경과 다언어적 환경을 가진 싱가포르는 동아시아 여러 나라들의 중요한 무역 기지였고 심지어 인도에서조차 중요 무역기지로 이용했다(Gupta, 2006). 1819년 Stamford Raffles경이 싱가포르를 동인도회사의 무역기지로 지정할 때부터 싱가포르에 대한 영국 영향력의 행사가 시작되었다. 싱가포르의 독립 이래, 싱가포르 정부는 처음부터 이중언어 교육 정책을 폈으며 점점 더 영어의 사용에 비중을 두어 나갔다(Rubdy, 2001). 그렇기 때문에,

오늘날 영어는 싱가포르의 각 급 학교들과 모든 유형의 학교들에서 교육용 언어로 채택되어 쓰이고 있다. Rubdy(2001: 342)는 이 이중언어 정책이 싱가포르의 공통어로 영어가 쓰이도록 만들었다고 강조하였다. "그러므로, 대다수 싱가포르인들은 어떤 한 품종의 언어에서 가지각색의 능숙함을 보이기는 하지만- 국가 정책의 측면에서 볼 때, 국가적 다언어주의와 개인적 이중언어 구사가 싱가포르에 존재하는 것으로 볼 수 있다"고 그는 덧붙여 말하였다.

영어는 행정, 교육, 상업 및 과학 기술 등 싱가포르 사회의 여러 부문에서 첫 번째 자리를 차지하는 기본 언어이다(Lin, 2002). 영어로 관공서 행정서류, 사업계약서 그리고 공공표지판이 표기된다. 모국어 수업을 제외한 모든 교과목들은 영어로 가르쳐지지만 영어는 아직 모든 싱가포르 사람들에게 있어서 제1언어가 되지 못한다. 대다수의 싱가포르인들은 집에서 영어를 쓰지 않는다. 2000년도에 실시된 국세(國勢) 조사에 의하면, 총인구의 단 23%가 집에서 그리고 가정사를 논의할 때 가장 빈번히 사용되는 언어로 영어를 꼽았다고 한다(Leow, 2001). 가장 일반적으로 집에서 쓰이는 언어는 중국보통어(표준어)이다(Lim과 Foley, 2004). 싱가포르의 인구는 76.8%의 중국인, 13.9%의 말레이인, 7.9%의 인도인 그리고 기타 민족 1.4%로 이루어져 있다(Gupta, 2006; Lim과 Foley, 2004). 싱가포르 교육부의 1987년도 조사가 밝힌 바에 의하면, 전체 초등학교 신입생의 68%가 중국보통화(표준어)를 모국어로 쓰는 가정 출신이라고 한다(Rubdy, 2001). 1979년, 당시 수상이었던 Lee Kuan Yew가 "만다린 어 쓰기" 운동을 전개한 이래, 중국보통어는 세 개의 토착어 즉, 중국보통어, 말레이어, 타밀어 중 모국어로서 가장 영향력이 세고 빈번히 사용되는 언어가 되었다. 이 운동이 전개되기 전까지, 싱가포르의 여러 소수 중국민족 출신들은 복건어, 조주어,

광동어, 해남어, 하카어, 복주어, 보통화 및 기타방언 중에서 한 두 개의 말들을 사용했다. 이 운동이 전개되기 전이었던 1970년대에는 복건어가 토속 언어들 중 가장 널리 사용되던 말이었다(Lin, 2004 ; Rubdy, 2001).

아시아에서 생겨난 말이 아닌 영어는 중립언어로서 싱가포르 독립 때부터 행정 언어로 사용되어 왔다(Rubdy, 2001). 영어가 여러 다중언어사회에서 의사소통의 도구로서 채택되어 온 것은 사실인데 싱가포르에서 영어는 제2언어로서 사용되고 있다. 싱가포르 영어는 Kachru식 영어분류표 상의 외적 범주에 소속되는 영어이다. Bao(2003)는 외적 범주라는 표현 대신에 '비원어민 영어'라는 용어를 사용하는데 그는 비원어민 영어 품종은 원어민 영어와는 다른 독립적이고 자율적인 문법 체계를 가지고 있다고 주장한다. 비원어민 품종의 영어문법은 그들의 모국어에서 사용되는 방법과 이론을 적용하여, 분석될 수 있기 때문에 안정적이라고 여길 수 있다. 그러나 Bao는 사회적 낙인 때문에 그것이 자율적 문법이라는 주장에 자주 이의를 제기하게 된다고 주장한다. Bao는 음운체계의 혁신이라고 보아 줄 수 있는 것에 오명을 씌우면 그 품종의 안정화는 지연되고 원어민 영어 문법을 참고하지 않고는 아무것도 해결이 안 되는 심각한 분석적 곤경에 처해지게 된다고 덧붙여 말한다.

싱가포르에서 사용되는 영어는 종종 사회방언의 연속체로 여겨진다(Platt, 1975). 그 연속체는 상류층 방언, 중층 방언, 최하층 방언 및 피진어 등 네 가지 품종으로 구성된다. 상류층 방언은 하류층 방언인 Singlish의 영향으로 생긴 발음상의 차이만 몇 개 있을 뿐 공식 영국 표준 영어와 거의 유사한데 정규 상황에서 제대로 교육받은 싱가포르인들이 사용한다. 중층방언은 정규 및 준 정규적 상황에서 사용되는 중간층의 품종인데 싱가포르 영어의 독특한 특징의 일부는 이 품종에서 생겨나는 것이다. 하층방언은 비공식적 상황에서 사용되는 일상적 대화체의 품종으로서 가끔은 'Singlish'로 칭해지는데 그것은 독특한 음운론적 · 어휘적 · 문법적 특성을 지닌다. 피진어 단계는 Singlish가 크리올화 하기 전의 단계로 Singlish의 초기 형태이다.

Platt와 그의 동료들(Platt, 1975; Platt와 Weber, 1980)은 확연히 구별되는 두 개의 품종(하나는 공식 언어로 상류 품종이고 또 다른 것은 하류 품종의 비공식 영어)을 모두 인정하면서 싱가포르에서는 이중언어가 사용되고 있다는 견해를 피력한다. Gupta(1991, 1994)는 공식 언어를 싱가포르 표준 영어(SSE: Singapore Standard English)라고 규정하고 비공식적 언어는 싱가포르 구어체 영어(SCE: Singapore Colloquial English)라고 규정한다. 싱가포르 표준 영어(SSE)는 공식적으로 학교에서 학습되며 약간의 발음상의 차이와 몇 개의 차용어휘가 있을 뿐 영국 영어나 미국 영어 같은 표준 영어와 다르지 않다. 반면에 싱가포르 구어체 영어(SCE)는 토착어적 상황에서 배우고 사용되는데 방언 연속체 상에서 최하층에 있는 방언이다(Platt, 1975). 실제로 싱가포르에서 아이가 태어나면 그 아이는 싱가포르 구어체 영어(SCE)를 먼저 습득하는 바, 어떤 의미로 그것은 싱가포르 인들의 모국어라 할 수 있다. 약 320만 명이 집에서, 거리에서 그리고 상가에서 SCE나 Singlish를 쓰며, 그들은 Singlish를 쓰는 배우나 여배우들을 좋아하고 그들의 말을 즐기기까지 한다. 그러나 SCE는 사회에 의해 나쁜 영어라고 부정적으로 인식되어 왔다. 두 명의 전직 수상 리콴유(Lee Kuan Yew)와 고척동은 경쟁이 심한 세계와의 무역 시장에 부정적 영향이 미칠지 모른다는 이유로 싱글리쉬의 사용을 공개적으로 맹비난하였다. 그들은 사람들에게 Singlish를 사용하는 것을 내키지 않도록 하면서 이 소위 말하는 나쁜 영어를 뿌리 뽑기 위해 좋은 영어 말하기 운동을 전개하였고 학교, 직장 그리고 언론 매체에서 싱글리쉬가 사용되는 일이 없도록 강력히 배척하였다. 그러나 일부의 싱가포르 사람들은 싱글리쉬가 그들에게 정체성을 부여해 주고, 다인종적이고 다언어적이고 다문화적인 싱가포르 사회에서 싱가포르인들로서의 결속력을 가지게 해 준다고 주장한다(Rubdy, 2001). 그러므로 싱글리쉬는 어떤 의미에서 그룹 정체성과 결속력을 조성해 주는 역할을 하는 것으로 볼 수도 있는 것이다. 과연, 싱가포르 영어는 무엇인가? Bao(2003)는 싱가포르 영어라는 말을 SSE와 SCE를 둘 다 아우르는 두 가지의 의미로 사용하자고 주장하였다.

연구과제

1. 싱가포르 영어가 발전하게 된 역사적 배경을 설명하시오.
2. 다음의 용어를 설명하시오.
   ① SSE　　　② SCE
3. 싱가포르 사회에서의 영어의 위상을 설명하시오.
4. Bolton(2000)이 제시한 영어가 독립된 품종으로 인정받기 위한 5가지 기준을 설명하시오.

4장. 필리핀 영어

❋ **역사적 배경**

- 1565년~1898년 : 스페인 식민지 시대
- 1898년~1946년 : 미국 식민지 시대
- 1941년~1944년 : 일본 식민지 시대
- 1946년 : 미국의 지배에서 독립

필리핀은 100가지가 넘는 확연히 서로 다른 언어를 가진 다중언어 사회이다(McFarland, 2004). Bolton과 Bautista(2004)에 의하면, 민족적 · 인종적으로 볼 때 대개의 필리핀인은 인도네시아인과 말레이사람과 관련된 오스트로네시아 어족이다. 이 섬나라에서 사용되는 토속 언어들의 대부분은 오스트로네시아 어족에 속한다. 필리핀의 공통어는 루손 섬의 타갈로그 어에 기반을 둔 필리핀어인데 영어는 필리핀에서 제 2언어로 교육되고 사용된다. 필리핀은 영어를 사용하는 인구가 많은 것으로 잘 알려져 있으며 필리핀은 사실상 세계에서 세 번째로 많은 인구가 영어를 사용하는 나라이다(Bolton과 Bautista, 2004; Gonzalez, 2004). Gonzalez에 의하면, 미국에서는 2억 5천만 명, 영국에서는 6천만 명이 영어를 사용하는데 비해 필리핀에서는 총인구 7,800만 명 중 약 4,400만 명 또는 인구의 56%가 영어를 사용한다고 한다. 2,100만 명이 영어를 사용하는 캐나다는 필리핀 다음으로 많은 사람들이 영어를 쓰는 나라일 뿐이다. 진정, 영어는 필리핀인들의 공적 생활이나 개인적 생활에서 주요하게 쓰이는 언어로서 행정, 사법 및 교육을 위시한 많은 분야에서 공용어로 사용되며(Bolton과 Bautista,

2004), 덧붙여 말한다면 인쇄 매체, 영화, 텔레비전 및 창작 저술 분야에서도 주요한 역할을 수행한다. 가톨릭 종교를 필리핀에 소개한 스페인이 1565년부터 1898년까지의 기간 동안 필리핀을 식민 통치했고 미국-스페인 전쟁 이후 통치권이 미국으로 넘어가서, 1898년에 미국은 필리핀을 식민지화하여 1946년의 필리핀 독립 때까지 통치했다. 1946년에 미국으로부터 독립하기 전, 1941년부터 1944년까지의 짧은 기간 동안 일본의 지배를 받기도 했지만 필리핀 독립 이후에 미국 정부와 미국 영어는 필리핀인들의 정치와 생활에 큰 영향을 끼쳤다.

많은 학자들이 큰 관심을 보이는 연구 과제 중의 하나인 필리핀 영어는 미국의 통치를 받으면서 필리핀의 교육이 발전하는 동안 필리핀의 교육 발전과 함께 발달해 왔다. 필리핀 사회에서의 영어의 지위, 특히 필리핀 교육 부문에서의 지위는 지난 100년 동안 있었던 국가 교육정책의 변화와 함께 변화되어 왔다. 1900년 미국 대통령 William McKinley는 필리핀 총독부에 보내는 행정지시문서에서 영어가 각급 공공 교육기관에서 행하는 공식교육의 매체가 돼야 한다고 분명히 밝혔다(Bernardo, 2004). 그리고 미국 식민통치 정부는 다양한 언어적 배경을 가진 필리핀인들을 통합시키기 위한 목적 하에 영어를 더 효과적으로 가르치려고 또 필리핀인들에게 근대화의 길을 열어주려고 영어만 쓰기 정책을 채택하기로 결정했다. Thomasites(註:Thomasites는 1901년 USS Thomas호에 승선하여 필리핀에 도착한 미국 교사들을 일컫는 말임)로 불리는 미국교사들 제1진이 USS Thomas호에 승선하여 1901년 8월에 필리핀에 도착했던 바, 523명의 교사로 구성된 첫 번 째 파견대가 필리핀에 도착함으로써, 15만 명의 필리핀 학생들을 가르치는 교육이 시작되었다(Gonzalez, 2004). 교사 및 행정요원 그리고 교사 훈련담당자들로 구성된 Thomasites는 그 숫자가 1921년이 되자 2,000명으로까지 증가되었는데 시작 단계부터 그들은 도움을 받기 위해 필리핀 원주민들을 보조 교사로 고용했다. 미국인 교사들은 스페인 식민지 시절에 이미 스페인어 지도 자격증을 취득했던 이 원주민들을 필리핀인 교사로 만들려고 가르치고 훈련시킨 것이다. Bolton & Bautista(2004)에 의하면, 1921년에 원주민 태생의 필리핀인 영어교사들의 수는 전체 교사 숫자의 91%를 점유하게 되었다고 한다. 미국 식민통치 시작 때부터 필리핀인들은 그들의 동족 교사들로부터 영어를 배웠던 것이다.

그러나 많은 미국 학자들과 필리핀 학자들은 이 "영어만 쓰기 언어정책"에 대해 이의를 제기하고 비평을 가했다. 1931년 필리핀 제도의 부총독인, George C. Butte는 "초등학교에서의 모든 수업은 지역특성에 적절한 9개의 원주민 언어들 중 하나로 진행되어야 함"을 천명했다(Martin, 1999: 133; Bernardo, 2004: 18). Siba Yan(1978)에 의하면, 진정한 의미의 이중언어 교육은 교육부 장관 Jorge Bocobo가 "지속적으로 영어를 교육매체로 삼아야하되 초등학교 교사에 한해서 수업 보조 도구로서의 지방언어 사용을 허가한다"(Bernardo, 2004: 19)고 지시한 1939년에야 시작되었다. 1948년에 시작하여 1954년까지 진행된 Aguilar의 연구는 훗날 '필리핀 아이들은 수업시간에 그들의 토속어가 사용될 때 더 효과적으로 배웠다'고 보고했다.

1957년, 개정된 필리핀 교육계획은 초등학교 1, 2학년의 수업 매체 언어는 토속어가 돼야한다고 공표했다(Bernardo, 2004). 그리하여 이 두 개 학년에 영어는 학과목으로만 가르쳐지고 3학년부터라야 대학교 졸업 때까지 토속어가 수업의 보조 매체로 사용되고 정식 수업의 매체는 영어가 되었다. 반식민지 정서와 반미 정서에 편승하여, 교육부는 1974년 초등학교와 중고등학교에서 영어와 필리핀어 모두를 교육매체로 삼도록 허용하는 이중언어 교육정책을 시행할 수 있었다.

필리핀어는 필리핀어 의사소통 기술, 사회과목, 역사 등의 매체로 사용되는 한편 영어는 영어 의사소통 기술, 수학 및 과학의 매체로 사용되었다.

이중언어 정책 시행 이래, 필리핀 학생들의 영어 능숙도 감퇴는 학자, 행정가 및 교사들 사이에서 또 다른 논쟁거리가 되어 왔다. 문해력과 학문적 담론의 언어로서 필리핀어를 강조하고 영어는 과학 및 기술의 언어로서 강조하는 개정된 이중언어 정책이 1987년 교육 문화 체육부에서 발표되었다(Bernardo, 2004). 그러나 일부 도시 소재 학교들은 이중언어 정책을 따르지 않고 아직도 영어를 교육매체로 삼고 있다. 많은 필리핀 학생들은 영어가 득세한 언어요 사회적 경제적 지위 상승을 가져다주는 도구라고 생각하기 때문에 필리핀어보다 영어에 대해 더 호의적 성향을 보인다(Gonzalez, 2004). 또 한편, Bernardo(2004)가 들은 바에 의하면, Sibayan(2000)은 이중언어 정책의 실시는 영어와 필리핀어 모두에서 부적절한 구사력을 보이고 또 과목 주제 내용의 지식 역시 빈약한 '모자라는 언어 구사력의 소유자들'을 양산했다고 비판했다 한다. 필리핀의 교육에서 어떤 매체를 사용하여 수업을 해야 할 것인가 하는 문제에 관해 결론이 난 바는 아직 없다. 교육 매체로서 영어를 사용하는 데 대한 반박이 있어 왔지만, 필리핀 사회의 모든 부문을 지배하는 언어는 아직도 영어이다.

미국이 식민통치하던 초반기의 교육정책으로 인하여 필리핀 영어는 필리핀 전역에서 급속한 발전을 이루었다. 초기의 한 국세(國勢) 조사 보고서에 기초하여 Bolton & Bautista(2004)는 1918년 당시 필리핀 인구의 약 47%가 자신들이 영어를 할 수 있다고 주장하였음을 밝혔다. 1994년 사회기후조사국에서 실시한 조사에서는 이 숫자가 56%로 늘었다고 한다. 초기식민시대의 급속한 영어 확산은 놀랄 만 한 것이었고 식민지 역사상 그 유례를 찾기 어려운 일이었다(Gonzalez, 2004). Gonzalez(1997)와 Bolton & Bautista(2004)는 1994년 사회기후조사국의 조사 결과를 인용하면서 총인구의 74%가 영어를 알아들으며 73%가 영어로 된 문장을 이해할 수 있으며 59%는 영어로 글을 쓸 수 있다고 주장했다고 보고했다.

연구과제

1. 필리핀 영어가 발전하게 된 역사적 배경을 설명하시오.
2. 필리핀 사회에서의 영어의 위상을 설명하시오.
3. 필리핀의 "이중언어 교육정책"을 설명하시오.

5장. 중국 영어

※ 역사적 배경

① 청왕조 시대

- 1637년 : John Weddell 선장의 함대가 마카오와 광동에 도착함으로써 영어가 소개됨
- 1759년~1860년 : 영어의 공식적인 위상은 낮고 무역용도로만 사용됨
- 1861년~1911년 : 영어를 서양의 과학과 가술의 언어로 간주하여, 영어가 공식적인 지위를 가지기 시작함
- 1856년~1860년 : 기독교계통 학교에서 영어교육 실시

② 국민정부 시대

- 1911년~1923년 : 영어권 국가들과의 외교관계를 수립해야 하는 필요성으로, 영어가 공식적인 위상 확립
- 1924년~1949년 : 영어는 서양과의 외교적 · 군사적 · 지적인 대화를 위한 매개체로 성장함

③ 중화인민공화국 시대

- 1946년~1960년 : 소련 연방과의 우호적인 관계 수립의 필요성으로 러시아어 교육이 강조됨
- 1961년~1966년 : 문화부흥기. 영어는 국제적인 이해관계를 강화시켜주는 주요한 도구로 인식되어 영어학원들이 등장하기 시작
- 1966년~1976년 : 문화대혁명기. 영어과 교육과정 폐지
- 1976년~1982년 : 영어교육이 국가현대화와 국가발전에 유용한 도구로 인식됨
- 2001년~ : 초등학교 3년부터 EFL수업 실시

이제부터 중국을 살펴보겠는데, 중국 영어는 적어도 앞으로는 당분간은 확장 범주의 품종임이 아주 명백하다. Bolton(2003 : 228)이 지적하는 바와 같이 영어는 지난 40년 동안 중국전역에 걸쳐서 극적이고도 신속한 확산을 이루었다. Bolton의 말을 빌리면, 1957년에 겨우 850만 명에 불과했던 중국의 중학교 영어교사의 수는 영어교육이 초등학교로까지 확산됨에 따라 교사의 수가 증가할 수밖에 없는 관계로 2000년에는 50만 명이 넘을 정도로 늘어났다. 현재 2억 명도 더 되는 영어 화자가 중국에 있는데, 영어를 배우는 중학생 수가 약 5000만 명에 이르는 사실로 보아 그 숫자는 빠르게 증가할 것이다. 이런 추세가 지속된다면, 머지않아서 여느 품종의 영어를 사용하는 사람의 수보다 중국 영어를 사용하는 사람의 수가 더 많아질 것이다.

그러나 중국 영어를 '하나의 품종'으로 인정해 줄 수 있는 것은 어느 정도의 범위까지인가? Kirkpatrick과 Xu나(2002)는 모국어가 중국어인 화자가 쓰는 영어에 중국어에서 유래된 담화규범과 수사법의 규준이 어느 정도 영어 음운현상들을 자세히 분석해서 제시한 것과 대비되게 Kirkpatrick(2007a)은 중국 영어 화자들이 쓰는 영어가 가지는 어휘, 문법 및 음운상의 특징들이 어떠한지 보여준다. 어휘상의 특성들의 예로는 여러 종류의 카드게임들을 전반적으로 Pu-ke란 말 하나로 부르는 등의 (원어민들이 Poker라는 말에서 따옴) 중국식의 토착어 단어들을 들 수 있고 또 '외모는 잘 생겼으나 전혀 쓸모가 없는 사람'을 뜻하는 말인 'a flowered pillowcase(꽃무늬의 베갯잇)'처럼 중국어 비유를 그대로 직역해서 쓰는 예들도 어휘상 특성의 예가 된다(kirkpatrick 2007a) '/θ/음과 /ð/음을 [S]로 대체하기, 끝음이 자음일 때 [ə]음을 덧붙이기, 기능어들은 약음으로 발음하지 않기, 그리고 끝에 오는 대명사에 강세를 주기'(Deterding 등 2006 : 194) 등이 가장 두드러지면서 널리 퍼져있는 중국 영어 발음상의 특성들로 보인다. Deterding 등은 그들의 연구가 화자의 모국어인 특정 중국어에 의존하기 때문에 다른 발음특성들이 그렇게 일반적으로 나타나지 않는다고 언급한다.

Kirkpatrick과 Xu(2002:269)는 이런 특성들을 원래의 구미식(歐美式)규범으로부터의 일탈로 보아서는 안되며 중국어 화자들이 그들의 영어품종으로 대화하려 하는 상대는 내적 범주 국가들의 사람들보다 동아시아지역 다른 나라의 영어 화자들이기 때문에 중국 품종이 그 어떤 중첩된 '구미식(歐美式)' 규범들보다 문화적으로 더 적합한 영어라고 주장한다.

그리고 Kirkpatrick(2007a:151)는 중국 영어가 떠오르는 새 영어 품종으로 여겨질 수 있는 기준을 이미 넉넉히 충족시키고 있음을 시사하면서 이 사실은 중국인들이 영어학습을 받아들인 기간이 상대적으로 짧았음을 고려해 볼 때 굉장히 특기할 만한 것이라고 느낀다. 그가 또한 지적하는 것처럼, Hu(2005)를 위시한 최근의 연구들에서, 중국 영어 화자들 자신은 이미 중국 영어가 하나의 품종인 것을 인정하는 방향으로 움직이고 있다는 것이 나타난다. Deterding 등 (2006:195)은 중국 영어의 현 상황에 대해 상대적으로 언급을 덜하고 있지만 그들의 견해도 유사하다:

영어가 유창해지는 중국인의 수가 계속 증가함에 따라 중국 영어의 새로운 스타일들이 계속적으로 등장할 것 같다. 그리고 어느 날 그 자신만의 독립적인 정체성을 가진 새로운 품종이 자리를 확고히 할는지도 모른다.

다른 한편, 그들 모두는 중국 품종이 아시아에서 가장 보편적으로 쓰이는 영어 품종이 되고(Krikpatrick) 중국의 영어사용자 수가 북미와 영국의 영어 화자 수를 합한 것보다 더 많아지는(Deterding 등) 중국 영어의 중요성은 앞으로 점점 더 커질 수밖에 없다고 믿고 있다. 그리고 Deterding 등은 이러한 일들이 일어날 시점이 되면 영어가 진화하는 방식에 주요한 충격이 가해질 것 이라고 주장한다. 그럼에도 불구하고, Krikpatrick과 Xu(2002)가 지적하는 것처럼, 중국의 교육자들과 정부 관리들이 중국 영어를 교실의 수업모델로 용인할지는 아직도 불분명하다.

5.1 영어도입의 역사적 단계

Bolton(2002)은 영어 화자들과 중국어 화자들 간의 첫 대면은, 1637년에 John Weddell 선장의 탐험대가 네 척의 배를 이끌고 마카오와 광동에 도착함으로써 이루어졌다고 언명한 바 있다. Adamson(2002)은 중국역사를 청 왕조 시대, 중화민국(국민 정부)시대 그리고 중화인민공화국 시대의 세 시기로 나누어 중국에서의 영어의 공식적 역할, 위상 및 교육을 분석한다.

첫 시대인 청조 말기는 난폭한 문화 충돌의 시대라고 특징 지워지는 바, 이 기간에는 영어가 적국의 언어였다. 영어를 적의에 가득 찬 야만적 언어로 간주했던 이 시대는 다시 두 시기로 갈라진다. 1759년부터 1860년까지의 첫 번째 시기에 영어는 그 공식적 위상이 아주 낮았고 무역 용도로만 사용되었다. 그 당시 중국 정부는 광동지구(지금의 광쩌우 시)를 주요 무역항으로 지정했고 외국인들은 사면도(沙面島)의 작은 지역에 거주하도록 허락하였다. 외국인들은 중국어로만 의사소통이 허락되어, 그들은 중국정부에 등록된 중국인 상중개인, 매판의 통역에 의지해야만 했다. 중국인 매판들은 부유하고 수완이 좋아 동포들의 경멸의 대상이었는데, 그들은 피진어 형식의 영어를 사용했다. 그 당시 외국인들은 중국어 배우기가 용납되지 않았던 데에 반해 매판들은 개인적으로 영어를 배울 수 있었다(Adamson, 2002). Bolton(2002)에 의하면, 영어가 중국 남부지방의 기독교계 학교들에서 가르쳐졌고 제1차 아편전쟁이 발발하기 직전인 1830년대 후반에 마카오에 최초의 영어 교습학교들이 세워졌다고 한다. 1861년과 1911년간에 걸친 첫 시대의 두 번째 시기에는 영어는 서양의 과학과 기술에 접근할 수 있는 매체라고 여겨져서 영어가 공식적인 위상을 가지기 시작했다. 영어는 또한 중국 정부가 국제적 외교관계를 발전시키는 일에서 도움을 줄 수 있는 도구로 사용되기도 했다(Adamson, 2002). 이때 영어는 중국의 학문 및 교육 분야에 과학적 지식을 이전시켜 줄 매체로 인식되어 제2, 제3의 기관들이 영어를 가르칠 교육 과정들을 만들었다. Bolton & Tong(2002)은 1856년부터 1860년까지 계속된 제2차 아편전쟁 후 기독교 계통 학교들과 대학들에서 널리 영어를 가르치기 시작했다고 한다. 1861년에 중국 정부는 북경에 축어적으로 해석하면 '복합적 학문 학교'라는 의미가 되는 통문관(通文館 : TongWenGuan)을 세웠는가 하면 2년 후에는 상해에 비슷한 성격의 Guang FangYan이라는 학교를 세우고 그 다음 해인 1864년에는 광쩌우 시에 광쩌우 Tong Wen Guan을 세웠다(Adamson, 2002).

두 번째 시대인 중화민국(국민정부)시대에 정부는 영어권 국가들과 외교 관계를 수립했다. 1911년부터 1923년까지의 두 번째 시대의 첫 시기는 중국 지식 혁명 시기와 겹쳐진다. 이 시기에 있었던 영어와 영어교육에 관계된 토론들을 보면 애증이 엇갈리는 양면적인 성향이 두

드러지게 나타난다. 영어는 어느 정도 높은 공식적 위상을 얻었고 서양 철학과 다른 사상들을 탐구하기 위한 수단으로 사용되었다. 높은 지위 계층의 중국인들은 해외에서 공부할 수 있는 기회들을 누렸고 미국은 해외에서 공부하기에 좋은 장소로서 인기가 높았다. 1924년부터 1949년까지 이어진 두 번째 시기에 영어는 서양과의 외교적 군사적 및 지적 대화를 위한 매체로서의 역할을 수행했다. 영어가 중학교 교과과정에서 핵심과목 중의 하나로서 자리 잡았지만 국수주의 학자들과 정치인들은 서양문화가 중국문화에 침투될까 두려워 영어사용의 확산을 반대했다. 진보주의자와 전통주의자 간의 긴장이 이 기간 중 아직 해결되지 않고 있었던 것이다(Adamson, 2002).

1949년에 시작되어 지금까지도 이어지고 있는 세 번째 시대는 국제적으로나 국내적으로나 요동치는 정세의 시대이다. 중국은 재정적 지원을 얻기 위한 소련연방과의 우호적 결연관계를 맺으려고 러시아어로 진행하는 교육을 위해 국가적인 노력을 집중했었다(Lam, 2002). 그런 관계로, 1949년~1960년의 기간 동안, 영어에 이롭지 못한 정치적 상황들이 이어져서 영어는 매우 낮은 공식적 위상에 놓이며 대우를 받지 못했다. 이 기간 동안 영어를 가르치는 중학교 및 그 이상 급의 학교들의 수가 줄어들었고 영어는 단지 서양 과학과 기술에의 접근을 위한 수단으로서만 가르쳐졌다. 그러던 중 '첫 번째 문예부흥기'라는 별명을 얻은 1961년부터 1966년까지의 기간이 도래했다. 문화 발전적 분위기에 편승하여 정치적 압박이 줄어들었고 영어는 다소 인기를 되찾았다. 그리고 영어는 국가의 현대화를 촉진하고 서방 제국들과의 국제적 상호 이해와 외교적 유대를 강화시켜주는 가치 있는 도구로 여겨졌다. Lam(2002)은 중국과 구·소련 간의 긴장상태는 중국으로 하여금 서방과의 경제관계 수립에 나서도록 만들었다고 주장한다. 이러한 정치·외교적 변화의 결과로 러시아어가 차지했던 주요 외국어 자리에 영어가 대신 들어서기 시작했다. 이 때 중등 및 차 상급 학교들이 영어교육을 위한 교육과정들을 활성화 시켰으며 몇 몇 외국어 학원들이 1961년부터 1966년까지의 이 기간에 설립되었다.

그러나 1966년부터 1976년까지의 기간 중 문화대혁명의 바람이 중국 전역을 휩쓸었고 영어 사용자들은 반역자들로 몰리게 되었다. 외국 문물을 배우는 것은 그것이 무엇이든 간에 지식계층의 학자들에게 주어지는 정도의 강력한 규탄을 받았다(*역자 주; 문화대혁명 당시 孔子의 사당, 많은 고전 책들이 훼손되었는데 전통 문화와 지식의 파괴가 당시 문화대혁명의 구호였다*). 서양 문화적 지식물들에 대한 습격이 가해짐에 따라 중등학교 이상의 학교에 있었던 영어 교육과정 등도 폐지되었다. 그렇지만 1971년이 되자 미국은 정식으로 중국을 UN 회원국으로 인정하게 되고 이에 따라 중국은 미국과의 우호적 유대관계를 다시 복원하기 시작했다고 Lam(2002)은 전한다. 미국 대통령 Richard Nixon이 1972년 중국을 방문했을 때 양국 정상은 상업, 문화 그리고 교육의 교류에 관해 협의해 나가기로 합의했다. 그리하여 "전문가로서 인민에 봉사하기 위해 외국문물을 배우자"라는 뜻을 가진 "Red and Expert(홍색과 전문가: *역자 주 →홍색은 〈공산〉 혁명의 상징으로 혁명의 완성을 위해 전문가 육성이 필수라는 의미로 이 말이 쓰인 듯*)"라는 구호가 다시 채택되었다(Lam, 2002: 246-247). 모택동이 사망한 1976년에 문화대혁명은 종식되게 된다. 1976년부터 1982년까지 영어교육은 다시 대중들의 인기를 얻기 시작하고 영어는 국가 현대화와 국가 발전에 유용한 도구로 다시금 인식되게 되었다. 등소평이 농업, 산업, 과학 및 기술 그리고 국방의 분야에서 4개 현대화 정책을 발표하자 바로 그 뒤를 이어 중국인들이 영어는 현대화 정책을 추구해 나가기 위한 필수적 언어라고 여기게 만드는 개혁개방 정책이 뒤따랐다. 1982년, 영어는 중국의 중등학교들에서 주요 외국어로서의 위치를 차지하게 되었고 1982년 이래 영어교육은 모든 등급의 학교들에서 열심히 장려되어 왔다. 그때부터 영어는 국가의 사회적, 학문적, 경제적 성공을 위한 아주 중요하고 바람직한 매체로 떠받들어져 왔다(Adamson, 2002). 1985년 영어교육에 관한 중국 최초의 국제회의가 영국식 옛 이름으로는 광동(Canton)이라 알려져 있는 광쩌우 시에서 개최되었다(Lam, 2002).

Yuhua(2002)의 말을 빌리면, 중화 인민 공화국은 2001년에 모든 초등학교 3학년생들에게 EFL(외국어로서의 영어) 수업을 실시하기 시작했다. 그 결정은 2001년 11월에 중국이 국제무역기구(WTO)의 정회원으로 가입하고(Pang Zhou와 Fu, 2002; Yuhua, 2002) 북경이 2008년 올림픽 경기 개최지로 선정됨(Lam, 2002)에 따라 야기될 수 있는 새로운 도전들에 젊은 학생들이 보다 잘 대처하도록 만들어주기 위하여 중국 교육부에서 내린 것이었다. Yuhua(2002)는 또 북경, 상해, 광쩌우 등 교육적 발달을 이룬 도시들에서는 일학년 생들에게도 EFL 수업을 실시했다고 언명한다. Yajun(2003)이 덧붙이기를 위의 3개 도시 중에서 상해가 제일 먼저 일학년 생에게 EFL 수업을 시키기 시작했다고 한다. 또 상해는 영어수업시간을 두 배로 늘려 배정한 것으로 알려져 있다. 광쩌우 주(州)는 수학 물리, 화학 같은 내용 중심 교과목의 수업을 영어로 진행했으며 베이징을 위시한 몇 몇 대도시들은 유아원에까지 영어 과정을 도입하여 아이들이 영어와 중국어 보통화를 함께 배우게 했다. Yajun(2003)에 의하면 교육부는 일부 중국 대학교들에게 영어를 강의 매체로 삼을 것과 일부 교수들에게 영어로 강의 자료를 준비할 것을 요청했다고 하며, 중국 교육부는 향후 수년 이내에 5%

내지 10%의 대학교 과정상의 교육이 영어로 진행되기를 기대한다고 한다.

Yajun(2003)은 일부 학자들이 영어 학습에 대한 과도한 열의는 국민들의 시간과 열정을 소비하고 중국어에 대한 자신감을 감소시키는 외에 중국 문화의 발전 및 대중화를 가로 막으며 또 중국인들이 중국 표준어 사용을 등한시하고 방언에만 매달리게 할 수 있기 때문에 결코 좋지 않다고 반박한다고 천명한다. 그러나 어떤 사람들은 영어는 국제사회의 의사소통에 주요 수단이기 때문에 영어를 배우고 가르치는 외에 다른 대안이 있을 수 없다는 견해를 피력한다. Yajun(2003)에 의하면 영어를 배우고 있는 많은 중국인들의 수와 영어 교육산업의 급속한 발전이 가리키는 바와 같이 영어는 중국의 국민언어로 자리잡아 가고 있다고 한다. 국가경제 발전이 이룩되고 있음에 따라 더 많은 중산층 사람들이 국제무대에서 영어를 배우고 구사할 기회를 누린다. Yajun(2003)은 중국 영어 품종은 세계 영어들 속에서 뚜렷이 구별되는 회원으로서의 존재를 확보해 나가는 중이라고 주장한다.

일부 학자들이나 연구자들은 중국인 영어 화자가 보여주는 중국어적인 특징이 현실적인 실패를 표시하는 지표라고 생각하는 것은 잘못된 생각이며 중국인 화자들이 그 영어로 의사소통을 할 수 있는 한 또 원어민 영어 화자들이 중국인 화자들의 말을 알아들을만하다고 여겨 주는 한 중국 영어품종은 긍정적인 평가를 받아야 한다고 주장한다. 다른 한편으로 Qiang과 Wolff(2003a)는 영어를 배우는 것이 중국인들에게 경제적 성공과 번영을 가져다 줄 것이라는 생각에 동조하지 않는다고 주장한다. 그들의 주장에 의하면 많은 중국학생들은 ESL 학습의 직접적인 결과로서 그들이 결국 증가된 이익을 얻을 것으로 믿고 있다. 그들이 행한 조사는 1,000명 남짓의 중국학생들이나 영어를 공부해서 그들의 경제적 미래를 개선해 보려고 한다고 밝힌다. Qiang과 Wolff(2003a)는 중국학생들이 이런 생각을 가지는 것은 서구 정치 지도자 및 사업가들로부터 영향을 받은, 편협한 견해의 결과라고 주장한다. 그들은 중국이 경제 대국이 될 것이고 그 인구가 전 세계인구의 25%나 되기에, 13억 중국인들이 영어를 배우는 대신에 전체 세계인이 중국어를 배워야 할 것이라고 주장한다. 더 나아가 Qiang과 Wolff(2003b)는 어떤 방식으로 가르치더라도 보통 수준의 중국학생은 'Chinglish'로의 대화 소통을 배울 뿐이라고 주장한다. 여기에 덧붙여 그들은 주장하는 바, 중국학생들의 목표가 영어의 숙달가가 되는 것이라고 치더라도, Oxford Advanced Learner's Dictionary의 제6판이 밝히고 있듯이 세계에는 7종의 영어 품종이 존재하는데, 과연 어느 품종 영어의 숙달가가 되는 것인지 분명하지 않다고 한다. 교사들이 표준 영어를 가르친다 해도 문화적 언어적 차이로 인하여 학생들은 단지 Chinglish를 습득하게 될 뿐이라는 것이다. 그런데도, 결코 할 수 없는 일에 숙달되기 위하여 그들의 시간을 허비할 필요가 있는 것일까? Qiang과 Wolff(2003b)는 Chinglish가 중국의 제2 국민언어로서 발전하고 있으며 그것은 모국어 영어 화자나 제2언어 영어 화자 모두와의 의사소통을 위한 효과적인 수단으로서의 기능을 가진다고 주장한다.

Xiaoqiong(2005)에 의하면 그가 행한 조사에 응해준 대부분의 교사들은 중국 영어를 자신의 권리를 가진 표준품종으로 여기며, 미국 영어와 어깨를 나란히 해야 하는 품종으로 여긴다고 주장했다고 한다. 발음상의 어려움 때문에 중국인들이 원어민 화자 같은 영어를 구사하는 일은 불가능하다고 믿는 Xiaoqiong(2004)은 중국인들은 표준 영어가 아닌 중국 영어를 배워야한다고 주장한다. 그러나 Xiaoqiong은 그가 1, 200명 이상의 중국대학생들을 조사했을 때 그들 대부분이 세계 영어라든가 중국 영어에 대해 들어본 적이 없음을 알게 되었는데 그 학생들의 주 목적은 표준 미국 영어 또는 영국 영어에 능숙해지는 것이었다. Xiaoqiong의 주장은 많은 사람들이 중국 영어를 모르거나 그 존재를 인정하지 않을지라도 중국 영어는 세계에서 가장 많은 수의 사람들이 쓰는 언어이기 때문에 음성학적, 문법적, 어휘적 그리고 문화적 측면에서 연구되고 규정되어야 한다는 것이다. Xiaoqiong(2004)은 원어 화자들의 교습 모형은 외부에서 온 모형으로서 소개, 편입될 수 있지만 원어영어를 중국인들이 그대로 습득할 수는 없는 것이므로 이상적 교습모델로 인정해 줄 수는 없다고 주장한다.

Jin(2005)은 만일 중국 영어가 영국, 미국의 표준 품종 및 다른 영어들과 같은 반열에 들게 된다면 중국 영어를 더 잘 가르칠 수 있는 것은 원어민 교사들 보다 중국인 교사들일 것이라고 주장한 바 있다. Jin(2005)은 중국의 8개 대학교에 다니는 학생들과 함께 한 연구 과제를 맡아 추진하였다. 설문 조사, 그룹 토의 및 면담 등으로 구성된 그 연구 과제의 추진 결과 중국 학생들은 국제어로서의 영어와 중국 영어 모두에 긍정적으로 반응했지만, 원어민 교사들 보다는 중국인 교사들을 더 선호하는 것으로 조사되었다.

5.2 중국 영어의 발전 단계

중국식 영어 또는 중국풍 영어, Chinglish 및 중국 영어 같은 용어들의 뜻을 명확히 하고자 하는 시도는 계속 존재해 왔다. Wang(1991)은 중국 영어(China English)를 표준 영어를 그 규범으로 삼고 여기에 중국적인 풍미를 더한 것으로서 중국에서 중국인들이 사용하는 영어라고 했는데, Li(1993)는 중국 영어는 규범적 표준 영어를 그 핵심적 기준으로 설정하지만 어휘, 구문, 담론에는 중국적 특질을 담은 영어이고 그 것은 음역(音譯)[1], 언어 차용, 의미론적 재생의 수단을 통하여 중국 특유의 것들을 표현한다(pp. 19-20)라고 하며 Wang의 정의를 수정했다.

Yun과 Jia(2003)에 의하면, 영어가 중국에 소개된 이래 세 가지 주요 단계를 거쳤다고 하는 바, 첫 번째 단계는 중국 피진 영어(CPE)의 단계요, 두 번째는 Chinglish의 단계요, 세 번째 단계가 중국풍 영어가 중국 영어(China English)로 발전된 단계라는 것이다. 18세기, 광쩌우, 하문 및 상해 등 중국 해안 지역 몇 군데에 영국 및 다른 유럽 사람들이 도착했다. 중국 피진어는 영국이 광쩌우의 Pearl 강 삼각주에 그들의 무역기지를 세웠을 때부터 사용되기 시작했는데 이 중국 피진 영어는 영국 무역업자와 현지 중국 상인 간 또 외국인 주인과 중국인 하인 간에 중요한 의사소통 매체로서의 소임을 담당했다. 이 말의 어휘는 제한적이었고 문법도 불완전했으며 음성학적으로 단순화된 형식으로 사용되었다. 'No can do'와 'Longtime no see'와 같은 일부 피진어식 표현법들은 지금도 영어에 남아 쓰이고 있는 바, 중국 피진 영어의

---

1) *음역이란 한 표기체계로 기록된 글을 다른 표기 체계로 바꾸어 표기하는 것을 이름인데, '김치'를 영어로 'Kimchi'라고 바꾸어 쓰는 것이 그중 한가지 예이다.*

사례 몇 가지를 추가로 〈도표 1〉에 소개해 본다.

〈도표 1〉 중국피진영어의 예

1. **Tailor, my have got one piece plenty hansom silk my want you make one nice evening dress.**
2. **Dat master poni** (That (is) master's pony) **and Yu legan**(your legs)
   (Yun & Jia 2003:42-43)

두 번째 단계에서는 Chinglish가 중국인 학습자들에게서 흔히 볼 수 있는 현상으로 나타났다. Chinglish란 중국인 영어 학습자들 간에 쓰였던 중간언어단계의 말을 경멸적인 비난조로 일컫는 이름이다. Chinglish는 발음상의 결점이 많으며 영어 문법구조를 고려하지 않고 중국어를 축어적으로 번역한 말들을 많이 가지고 있는데 Chinglish의 방식과 의미는 영어 원어민 화자들이 이해하기가 어려워서 영어 원어민들과 Chinglish를 써서 대화하면 의사불통이 초래될 수 있다. 전형적 Chinglish 표현법들 중 일부 예들을 〈도표 2〉에 소개한다.

〈도표 2〉 Chinglish 표현 방식의 예

1. Good good study, day day up!
(중국어 hao hao xue xi, tian tian xiang shang: 好好学习，天天向上에서 온 말로 그 뜻은)
study hard: do have a progressive sprint every day가 된다.
2. Don't old three old four
(중국어 bu yao zhao san mu si:不要朝三暮四에서 온 말로 그 뜻은)

Don't be changeable/volatile: Don't blow hot and cold가 된다.

3. Look and Look, see and see.
(중국어 wang wang kan kan: 望望看看에서 온 말로 그 뜻은)
Look around and really see what is there가 된다.
(Yun & Jia 2003:43)

지난 수십 년 간 중국은 정치 경제적 개혁을 단행했고 서양의 과학과 기술에 접근하기 위해 서양에 모든 문호를 개방했으며 최근의 WTO 가입이래, 중국 정부는 국제무대에서의 의사소통을 위한 매체로서 영어가 중요하다는 점을 인식하고 국가적으로 영어의 중요성을 더욱 강조해 왔다. Yun과 Jia(2003)에 의하면, China English(중국 영어)라는 용어는 1980년에 Ge Chuangui 교수(1983)가 처음으로 제창한 것이다. Chinese English란 말에서 유래되어, 중국적 특성과 문화를 간직한 영어품종으로서 여겨져 온 중국 영어는 그 발음이 표준 영어에 가까워서 커다란 문제점은 없으나 중국어의 영향을 받아 구문론과 문법적인 면에서 조금의 차이를 가지기는 한다. Li(1993)가 시사하는 바를 참고하면, 중국 영어와 중국식 영어(Chinese English)간의 두드러진 차이는 중국식 영어에는 모국어 간섭의 영향이 나타나나 중국 영어에는 모국어 간섭의 흔적이 없다는 것이다. Kirkpatrick과 Zhichang(2002)은 Li(1993)가 말하는 모국어 간섭이란 중간언어 또는 학습자 영어의 흔적을 의미한다고 한다. 바꾸어 말하면, Kirkpatrick & Zhichang(2002)과 Li(1993)의 양측은 모두 중국 영어는 어휘, 문장구조, 담화 부문에서 중국적인 특징을 가지는 것이지만 중국식 영어는 중간언어 또는 학습자 언어에 불과할 따름이라고 말하는 것이다.

〈도표 3〉 중국 영어 특유의 단어들과 표현의 예

baihua 현대식 중국어 말하기 쓰기

develop-the-west 중국 국가의 서쪽 지역을 발전시키기 위해 자금과 노력을 투자해야 한다는 정책 또는 그 구호

trans-century talent 새로운 세기의 재능있는 사람들; 중국 문명의 정신을 가지고 민족족 문화적 전진을 이루는 사람

pay New Year calls BAIHUA 구정에 서로 새해 인사를 나누는 일

(Xiaoqiong, 2004: 28)

Yun과 Jia(2003)의 주장은 중국 영어는 Chinese Pidgin English, Chinglish 그리고 후에 중국 영어로 발전하는 Chinese English의 3단계를 거쳐 발달한 것으로 보인다는 것이다.

Xiaoqiong은 중국 영어가 영어의 표준 품종의 하나로서 여겨져야 하는 이유를 3가지 드는데, 중국 영어는 다른 품종의 영어를 쓰는 사람들도 중국 영어를 이해할 수 있게 하는 영어 공동의 내용을 그 핵심에 두고 있고 그러면서도 특유의 문화 감각과 다른 품종들이 나타낼 수 없는 의미를 가진다는 것을 첫째 이유로 든다. 〈도표 3〉은 중국 영어의 특유한 단어들과 표현법들의 예를 예시하고 있다.

Xiaoqiong(2004)은 정치, 경제 및 문화 측면을 고려했을 때 중국 영어가 다른 품종들 보다 중국인들에게 더 유용하다는 것을 두 번째 이유로 든다. 그는 영국 영어 역시 많은 유럽 국가들에 의해 미국 영어보다 더 유용하고 필요하다고 판단되기 때문에 유럽 국가들에서 표준 품종으로 여겨지면서 가르쳐진다고 주장한다. 중국이 WTO에 가

입됨에 따라 세계무역에 종사하는 아주 많은 사람들에 의해 중국 영어가 사용될 것이라는 점이 그가 말하는 세 번째 이유이다. WTO 가입으로 중국과의 더 많은 사업적 접촉이 이루어질 것으로 기대되고 이때의 의사소통 매체는 확실히 중국 영어가 될 것이라는 것이다. Xiaoqiong(2004)은 절대적 숫자의 중국인구가 중국 영어를 영어의 한 품종으로 만들 것이라고 주장한다. 인도와 함께, 중국은 영어사용자 및 학습자의 숫자 측면에서 세계에서 가장 중요한 나라 중의 하나인 것이다. McArthur(2003a)는 "외견상으로만 해도 인도와 중국의 영어 사용자 및 학습자들은 최소한 5억 명에 이르며 이는 인구학적인 면에서 두 대륙들이 세계에서 가장 비중있는 '소비자'임을 알 수 있게 해주는 수치이다"(p.2)라고 시사한다. Zhu(2003)의 보고에 의하면, 중국인들은 어디에서나 영어를 보고, 듣고, 경험할 수 있다고 한다. 예를 들면, CCTV, MTV, McDonalds, KFC, bar, restaurant, hotel, VCD 및 DVD 등이 중국인들이 볼 수 있는 흔한 영어단어들이며, 이름이요 머리글자들이다. 대중교통에서의 안내 방송은 중국어와 영어 두 가지로 제공된다. 많은 지역 TV방송국들은 영어 TV채널과 함께 영어 방송을 내보낸다. 중국영화들은 자막을 중국어자막과 영어자막을 같이 보여주며 많은 인쇄물들이 영어로 간행된다. 점점 더 많은 국제회의들이 중국에서 개최되며 중국사회의 많은 부문들에서 영어는 공통어가 되어 가고 있다.

Kirkpatrick & Zhichang(2002)은 지역 변종이 인정받는 한 언어 품종이 되기 위한 조건으로 그 품종의 언어로 기록된 문학과 사전류나 매체 같은 참고저작물을 가져야만 한다고 견해를 밝힌다. Butler(1997)는 일찍이 영어가 원어민 품종으로서 존재하기 위해서는 다섯 가지의 조건들을 충족시켜야 한다고 주장했는데, 이들 조건들은 그 중 마지막 두 조건들이다. Kirkpatrick & Zhichang(2002)은 중국 영어는 발전하고 있는 품종의 단계에 있다고 주장한다. Kachru의 주장을 인용하면서, 첫 번째 단계는 원어민 화자들과의 의식적인 동일시가 지역 영어 사용자들에 의해 행해지고 지켜지는 비승인 단계임을 천명한다. 두 번째 단계에서는 그 지역 모형이 널리 사용되지만 사회적으로는 수용되지 않는다. 이들은 이 국면을 한 품종 내에서 여러 품종들이 발전하고 있는 단계라고 일컫는다. 세 번째 단계에서는 비원어민 품종이 규범으로 받아들여지고 사회적으로 수용된다. 일부 관계기관이나 학자들이 아직도 중국 영어는 첫 번째 단계에 있다고 여기고 싶어 하지만, Kirkpatrick & Zhichang(2002)은 중국 영어는 두 번째 단계를 향하여 움직이는 과정이라고 주장하였다.

연구과제

1. 중국 영어가 발전하게 된 역사적 배경을
   ① 청왕조 시대 ② 국민정부 시대 ③ 중화인민공화국 시대별로 구분하여 설명하시오.
2. 중국 영어의 특징을 대변해 주는 표현 방식의 예를 제시하시오.

6장. 일본 영어

※ 역사적 배경

- 1854년 : 미 · 일 통상체결, 문호개방
- 1868년 : 메이지유신 시작
- 1871년 : 근대관료제 시작, 문교성을 창설, 의무교육 실시
- 1873년 : 징병제도 실시
- 1889년 : 양원제도 실시
- 1924년 : Palmer에 의해서 "A Grammar of Spoken English" 출판됨
- 1948년 : A.S Hornby에 의해서 "A Learner's Dictionry of current English" 출간

일본은 동양의 세 개의 나라 중에서 오랜 동안 그 존재를 서양에 알리지 않았고, 섬나라라는 지리적인 여건 때문에 모든 문명이 중국을 기점으로 하여 한국을 경유하여 일본으로 흘러 들어가게 되는 동양의 문명 흐름도에서 가장 멀리 떨어져있는 나라이었다.

이러한 지리적인 여건 때문에 동양 3국 중 문명이 가장 낙후된 섬나라일 수밖에 없었고, 통일 국가를 건설하지도 못하고 각 지방마다 군웅이 할거하는 구조가 오랫동안 지배하는 나라였다. 일본은 왕이 존재하지만 실권을 쥔 사무라이들이 통치하는 방식(막부정치)으로 운영되었고 도꾸가와(德川家康) 막부제도로 국가 운영을 몇 백 년 순조롭게 이어가고 있었다.

김영서(2009)에 따르면 18세기 말 강대국들의 아시아 진출 경쟁에서 일본도 예외는 아니었음을 알 수 있다. 시베리아 벌판을 넘어 태평양 연안까지 진출한 러시아가 일본과 통상의 길을 열려고 노력했고,

또한 해상 무역국으로 등장한 영국도 일본과 통상 교역을 요구하였으며, 미국도 일본과의 통상을 강력하게 요구하고 나섰다. 그러나 일본은 강대국의 통상 요구에 쇄국정책으로 일관해왔다. 미국은 일본의 문호 개방을 강제적으로 요구하기 위해서 1853년 7월 페리함대가 도꾜(東京)만에 입항하여 최초로 개항을 요구하였다. 그 다음해인 1854년 2월 페리 함대가 도꾜만(東京灣)으로 다시 돌아오자 일본 정부는 미국 함대를 격퇴시킬 능력이 없는 것을 인정하고 미국과 조약을 맺고 두 개의 항구를 개항하기에 이른다.

일본은 미국과의 통상 협정을 시작으로 하여 서구의 여러 열강들과 조약을 맺고 문호를 개방하게 되고, 사무라이 막부 체제는 힘을 잃고 천황 본래의 고유 권한인 통치권을 천황의 손으로 되돌려 주어야 한다는 움직임이 일게 된다. 이것이 바로 메이지유신(明治維新)인 것이다. 메이지유신 시대가 일본의 근대화 과정에 지대한 영향력을 끼치게 된다. 일본의 근대화 과정 속에서 영어가 외교 통상 언어로서 중요하다는 사실이 널리 인식되면서, 일본에서 영어교육은 불가피하게 되었다(김영서, 2009).

다음에서는 일본의 근대화 과정과 영어 정책에 대한 역사적 고찰을 통해서 일본 영어의 특징이 형성하게된 시대적 상황을 모색해보고자 한다.

1. 일본의 근대화 과정

미국 Perry 제독이 1853년에 동경만에 처음으로 입항하고, 1854년 2월 페리 제독이 동경만에 다시 들어오면서 미일 통상을 기점으로 문호개방이 시작되었다. 그 후 1858년에 미·일 통상조약이 체결되어 일본은 5개 항구 개항 및 무제한 자유무역을 허가해 주었다.

1863년 일본인들이 영국인 한 명을 죽인데 대한 보복으로 영국 함대가 사쯔마의 수도 가고시마(鹿兒島)를 포격했다. 1864년에는 조슈에서 서양 상선을 습격한 데 대한 보복으로 미국, 영국, 프랑스, 네덜란드 등 4개국 군함이 시모노세끼(下關)를 포격했다. 이러한 사건을 통해서 사쯔마와 조슈의 일본 귀족 청년들은 서양의 해군력 앞에서 본인들이 일본 영토를 지킬 수 없음을 절실하게 깨닫게 된다.

1868년 1월 신정부는 정식으로 어린 천황에게 전국의 직접 통치권을 장악하게 했다. 여기서 메이지(明治)란 새로운 연호를 세우고 과거 도꾸가와 일문으로부터 천황 측근 집단으로 실권이 넘어간 것을 메이지유신(明治維新)이라 칭한다. 메이지(明治)란 연호는 이때부터 천황의 장기 통치가 끝나는 1912년까지 쓰이다가 그가 죽은 후 그 천황을 지칭하는 명칭으로 굳어진다. 에도(江戶)는 과거 250년 간 도꾸가와 정부의 수도이었는데, 명치유신을 단행한 후 신진세력들은 에도(江戶)를 "동쪽의 도읍"이란 뜻의 도꾜(東京)으로 고쳤다. 이 당시의 일본의 선진 세력들은 서구사회에 뒤지지 않기 위해서는 서구사회의 정치와 사회를 일본 발전의 본보기로 삼게 된다. 45년간의 메이지 유신 시대에 일본 사회는 적극적으로 서양문물을 받아들이게 된다(김영서, 2009).

이 당시 일본은 발전을 위한 잠재력도 가지고 있었다. 즉, 광범위한 상업과 노동집약적인 농업, 구리와 철 그리고 석탄의 매장 그리고 일본의 고립에도 불구하고 서구과학과 기술을 익힌 여러 선진 학자들이 일본근대화에 큰 동력을 제공해주었다. 봉건제를 폐지하고 1873년에 봉건 공납을 현금납부로 대체한 것, 봉건적 지배가 근대 관료제로 대체된 것(1871년), 봉건 군대는 징병제로 대체된 것(1873년), 양원제도가 정치적 통일과 안정의 토대를 제공한 점(1889년), 국민교육제도가 마련된 점(1872년), 프랑스와 독일의 법에 근거한 법전이 마련된 점(1882년) 등은 일본의 근대화 과정의 성공적인 과정을 입증해준다. 이 시기에는 신 문물을 배우고 제도를 모방하여 근대화를 이룩하려는 노력이 1871년 문교성(文教省)을 창설하고 의무교육제도를 실시하게 되는 결실을 이루게 된다. 이때부터 교육에 필요한 공간(校舍)를 마련하고 수십만의 교원을 양성하여, 적령기 아동을 모두 수용했다. 초등교육 6년은 의무 교육이었고, 그 위에 5년제 남자 중학교와 특수 기술학교를 두고, 여자에게는 4년제(혹은 5년제) 중학교를 두었다. 중학과정 다음에는 각종 전문학교와 고등학교를 두고, 그 위에 4년제 대학을 두었고, 대학을 마치면 의사, 법률가, 과학자, 학자 및 고급관리가 될 수 있었다. 이 무렵에 일본은 비 서방세계에서 선진화의 본보기가 되었다. 1873년에 3,500만 명이었던 인구가 1918년경에는 5,500만 명으로 급증했다. 강한 국력은 해외로의 팽창을 유도하여 일본은 인근의 섬들을 점유하고, 청일전쟁, 러일전쟁을 승리로 이끌면서 일본의 지배영역은 랴오둥 반도와 남만주 사할린 남부에 까지 이르렀다(지도로보는 타임스 세계역사2, 2009: 202).

그러나 군국주의 깃발 아래 전 세계로 무한정 뻗어 나아 갈 것 같던 일본은 진주만 공격을 시작으로 미국과 충돌하고, 히로시마 원폭으로 무조건 항복하는 계기가 되고 말았다. 일본은 더 이상 재기하기 힘든 상황이란 비관적 전망 속에 좌절했지만 그 기간은 그다지 오래가지 않았고, 1950년 한국 전쟁이 터지면서 다시 전쟁 특수로 재기하여, 그 결과 일본의 상공업은 눈부신 발전을 계속하여 외환보유고, 국민 소득, 상품 수출 등등의 면에서 발전을 거듭하고 있다.

2. 영어교육 정책론

일본의 영어교육 정책은 근대화과정과 맥을 같이 하면서 밀접한 연관관계를 맺게 된다.

일본은 외국어교육의 일환으로서가 아니라, 서양문물을 수입하기 위한 도구로 영어교육을 강조했다. 그 중에서 가장 대표적인 사례가 영어 공용화론이다. 또한 영어교육 직수입 정책을 도입하여 영어교육을 통한 근대화 과정에 발 빠르게 대처하는 유연성을 역사적으로 입증하고 있다. 다음에서는 김영서(2009)가 정리한 일본의 근대화 과정과 영어교육 정책의 특징을 대변해 주는 영어 공용화론과 영어교육 직수입 정책 내용을 토대로 일본의 영어교육 정책론을 고찰해보고자 한다.

2.1 영어 공용화론

영어 공용화론이란 영어를 공용어로 채택하자는 이론으로, 메이지(明治)정부 초대 문부대신을 지낸 모리 아리노리(森有禮)(1847-1889)가 주장한 이론이다. 그는 가고시마 현에서 사무라이의 아들로 태어났다. 그는 런던대로 유학 갔다가, 미국으로 건너가(1867년) 1년 간 생활하다가 잠시 귀국, 1870년 다시 미국으로 건너 가 초대변무공사(지금의 대사)로 취임했다. 그러다가 1873년 귀국하여 계몽사상 보급을 목적으로 하는 메이로쿠샤(明六社)를 결성하기도 했다. 나중에 영국공사를 역임한 뒤 1885년 문부대신에 취임하여 갖가지 교육제도와 실천을 위한 교육령을 제정했던 인물이다. 그는 당시 서구화에 대표 주자이었는데, 그의 주장은 아예 영어를 공용어로 채택하자는 것이었다. 그 이유는 첫째, 일본에서 그 동안 학문어(學文語)요 고전어 자리를 지켜 왔던 한문(중국어)를 추방하고, 영어를 채택하는 것이 문명의 발달에 필수조건이라는 것이고, 둘째 일본은 국토가 비좁고 자원도 빈약하기 때문에 국제적으로 상업국가가 되지 않을 수 없는데 이 경우 영어가 절대적으로 필요하다는 것이었다. 그러나 그는 1889년 '대일본제국헌법'을 반포하던 날 한 국수주의 손에 암살당했다. 이로서 '영어 공용화론'은 일본에서 미완성의 시도가 되고 말았던 것이다(김영서, 2009).

일본의 영어교육은 명실상부한 외국어 교육이라기보다는 서양문물 수입을 위한 수단으로 보면 될 것이다. 일본은 명치유신(明治維新, 1868년)보다도 10년이나 앞선 1858년 10월에 후꾸자와 유키치(福澤諭吉)가 영학숙(英學塾)(나중에 慶應義塾으로 개명)을 설립한 것이 최초의 영어학교의 시작이었고, 1869년 영어교사로 영국인 Parry를 초빙한 것이 최초의 원어민 교사 초빙이었다. 이러한 일본의 영어교육의 역사를 한국의 영어교육 역사와 비교해보면 다소 앞서있었던 것으로 평가할 수 있다. 한국도 근대화과정에서 역관 및 외교관양성을 위한 외국어교육의 필요성을 입각하여, 근대식 학교를 설립하고 영어교육을 실시하기에 이른다. 1883년 동문학, 1886년 육영공원, 1895년에 관립외국어학교가 설립되고, 또한 선교사들이 기독교 정신에 입각한 교육을 실시하기 위해서 사립학교(배재학당(1885), 이화학당(1885년), 경신학교(1886년), 정신여학교(1886년) 등)를 설립한 시기를 고려해보면, 일본의 영어교육이 시작된 시기가 한국의 시기보다 다소 앞서 있다는 점을 발견할 수 있다(박경자 외, 2013).

일본은 근대화과정에 필수적인 동력이 영어교육이라고 생각하여 열심히 영어교육을 강조했으며, 이 시기에 Palmer나 Hornby 등을 초청하기도 했다. 이들은 앞에서 본 바와 같이 영어교육 자체가 목적이 아니라 일본이 서양에 뒤진 것은 인성이나 철학, 사상 등이 서양보다 뒤진 것이 아니라 과학기술이 뒤졌기 때문이라고 보고 소위 말하는 "동도서기(東道西器)론" 즉 동양의 인성과 철학, 사상은 그대로 보존하고 서양의 기술과 자연과학만 받아들이겠다는 철저한 기획을 세우고 그 수단으로 영어를 선택했던 것이다. 1960년대 초에 아시아 최초로 올림픽을 개최했고, 일본의 종합상사 직원들이 전 세계로 일본 상품을 팔러 나가는 세일즈 시대를 맞으면서 영어권 사람들을 직접 만나야 하고 이들에게 일본 상품을 설명해야 할 필요성이 대두되었던 것이다. 그래서 1970년대 후반기에 경제단체가 기금을 마련하여 Educational Testing Service를 찾아 가 일본인 종합무역상사 직원이 영어 회화를 어느 정도 하는지 파악할 수 있는 객관적인 시험을 개발해 달라고 부탁하여 1978년에 TOEIC이란 시험이 탄생하게 되었다.

2.2 영어교육 직수입 정책

일본은 동양의 도덕과 정신을 보전하고 서양의 기술, 또는 도구를 빨리 수용하자는 "동도서기(東道西器)" 정신에 의존하여 영어교육을 직수입하려는 노력을 다방면에서 걸쳐서 진행해 왔다.

김영서(2009)에 따르면, 1922년 당시 일본의 부유한 기업가 코지로 마쯔카타는 일본인들의 영어회화 실력을 향상시키기 위해서 문부성이 유명한 학자를 일본에 초청하고, 기업가들이 제반 비용을 다 내는 방식을 취하자고 제안했다. 또한 그 당시 유명한 영어학자인 Palmer가 일본에 취업할 수 있었던 것도 기업체들의 지원에 의한 것이었다. 이는 1978년 일본의 경단련(經團聯)이 기금을 마련하여 미국

ETS(Educational Testing Service)에 의뢰하여 TOEIC(Test Of English for International Communication)시험문제를 개발한 것과 같은 사업과 맥이 통한다고 볼 수 있다. 또한 그 당시에 전세계적으로 유명한 언어학자인 Palmer를 일본에 초청하여 영어교육을 연구하도록 환경을 조성한 점도 일본의 영어교육 정책의 단면을 입증하는 측면이다.

Palmer는 일본교사들과 직접 접촉하고 교류할 수 있는 방법을 모색하여 영어교육 분야에서 Oral Method를 적용해 볼 것을 시도하였다. 또한 1924년 "A Grammar of Spoken English", 1925년에 "English Through Action"가 같은 저서를 출판하는 업적을 쌓았다. IRET(Institute for Research in English Teaching)내에서 Palmer 자신이 자기의 위치와 존재 가치를 확실하게 인식시킨 다음 그는 본래부터 관심을 갖고 있던 어휘선택의 문제로 눈을 돌렸다. 그는 1930년대에 일본에서 영어교육을 위한 연구를 활발하게 진행하였다. 1930년 IRET 제7차 연례언어교사회의에서 중학교 교과서용 영어 어휘 3000개를 초안으로 제시한 바 있다. 그는 어휘 통제 전문가에 의하여 사용된 바 있는 용어 '범위(Radii)'란 틀 속에 어휘들을 짜 맞추었는데 1000개, 2000개 하는 식의 동그라미 구조 속에 그림으로 도식화하여 동심원을 그려 나아갔다. 다음 해 그는 이 직경이 다른 동심원들을 더욱 축소시켜서 도식으로 구분한 다음 정리하여 그 결과를 The First and Second 500 Mostly Frequently Used Words란 제목으로 세상에 내 놓았다. 그리고 그는 1931년 동경 교사회의에서 채택한 바 있는 '어휘범위'란 절제된 낱말만 가지고 교과서를 집필하기 시작했다. 그 결과가 IRET 소식지에 The Grading and Simplifying of Literary Material(1932)로 소개되었다. 그는 또한 600 Word Vocabulary for Story Telling Purposes(1932)를 고안한 다음 이를 수정, 보완하여

Thousand Word English(1937)를 출판했다. Palmer의 임기가 만료되자 Palmer로부터 IRET를 인계 받은 A. S. Hornby가 일본으로 건너 왔다. 그는 'A Learner's Dictionary of Current English'(1948), 'An Advanced Learner's Dictionary of Current English'(1952)를 출판했고, 1963년 일본의 Kaitakusha 출판사와 공동으로 영어사전을 출판하기도 했다. 일본의 영어교육 분야에서 혼비의 영향은 지대했고 그의 사전은 당시 한국에까지 영향을 끼쳤다(김영서, 2009).

일본은 근대화 과정에서 영·일 동맹을 맺을 만큼 영국과 밀착되면서 청·일 전쟁, 만주사변, 러·일 전쟁 등을 감행하고 급기야는 서구에서 인정하는 동양의 선진국이 되어 갔다. 이 과정에서 영어교육 자체를 아예 직수입하려고 시도한 바 있다. 그것이 바로 IRET란 조직이나 Palmer, Hornby 등의 영국인 학자를 초빙하는 과정이었던 것이다. 이들이 일본에 들어와 큰 업적을 남기긴 했지만 그렇다고 일본인 모두가 공히 만족할 만한 결과를 낳았다고 평가할 수는 없다. 일본은 영어란 수단을 통하여 서구의 선진 문물을 배우고 받아들이겠다는 의도를 갖고 있었고, 영국의 학자들은(Palmer나 Hornby 등) 영어를 어떻게 하면 효과적으로 가르칠 수 있느냐 즉 순수 교육학적 동기나 교수법 차원의 연구 활동을 활발히 하려고 했다고 보기는 힘들다.

일본은 근대화 과정에서 서구 열강들의 과학문명과 기술에 비해서 일본이 월등히 뒤떨어져 있음을 인식하고 이를 극복하기 위한 방법으로 영어를 직수입하려는 방법을 채택하기에 이른다. 이처럼 일본은 영어교육의 측면에서 분명한 동기와 목적을 먼저 설정하고 후에 이를 충족시키기 위한 방법을 채택해왔다고 평가할 수 있다.

일본은 중국, 한국과 더불어 확장 범주에 속하는 동아시아의 중요한 국가 중에 하나이다. 이번 장은 일본이 영어를 접하고 교육하게 된 역사적 배경이 되는 근대화 과정을 고찰하고 영어 공용화론과 영어교육 직수입 정책을 소개하였다. 일본 영어가 형성되는 역사적 사회적 상황에 대한 고찰이, 이후 일본 영어에 대한 이론을 형성하는 데 기초적인 토대를 형성한다는 점을 강조하며 일본 영어에 대한 언어학적 및 사회적인 특징은 다음 연구에서 다루기로 한다.

연구과제

1. 일본의 "영어 공용화론"이란 무엇인가?
2. 일본이 "영어교육 직수입 정책"에 대해서 설명하고, 이것이 일본의 영어교육 정책에 끼친 영향력에 대해서 설명하시오.

7장. 한국 영어[1)]

※ 역사적 배경

- 19세기 말 : 영어교육의 태동기. 관립 영어교육기관 및 사립학교가 설립되어 영어교육을 통한 근대화과정을 도모함
- 1910년~1945년 : 영어교육의 침체기. 일본의 식민통치 기간으로 일어를 통한 영어교육이 실시되어서 영어교육이 후퇴함
- 1945년~1954년: 임시 교수요목시기. 일본 침략시기 이후에 한국의 교육과정이 수립되기 전에 임시로 교수요목을 지정하여 영어교육을 실시
- 1954년~현재 : 교육과정시기.한국의 교육과정이 제정·실시되어서 시대적인 요구와 필요성을 반영하는 교육과정을 실시함

이번 장에서는 7.1 한국 영어의 발전과정 부분에서 한국에 영어가 전래되고 실시된 역사적 배경을 설명하고, 7.2 Cultural Identity in Korean English 부분에서는 한국의 문화적 특징이 영어현상에 반영된 예들을 통해서 한국 영어의 문화적 특징을 조망하고, 7.3 Korea's English Education Policy Innovations to Lead the Nation into the Globalized World 부분에서는 글로벌세계에서 한국의 국가적인 경쟁력을 강화하기 위해서 실시하였던 교육정책의 개혁 방안을 고찰하고자 한다.

---

1) 7장에서는 필자가 Journal of Pan-pacific Association of Applied linguistics에 게재했었던 두 편의 논문이 한국 영어의 내용을 잘 정리하고 있으므로, 아래의 두 논문을 7장의 내용으로 포함한다.

7.2 Cultural Identity in Korean English. Journal of PAAL, 14(1), pp.131-145.

7.3 Korea's English Education Policy Innovations to Lead the Nation into the Globalized World. Journal of PAAL, 13(1), pp.83-97.

7.1 한국 영어의 발전 과정

한국에 영어가 도입되고 교육되는 과정은 한국의 근대화과정의 역사와 그 궤를 같이 한다. 한국 영어교육은 구한말 근대화교육의 시작과 더불어 시작되었다. 이 시기는 동문학, 육영공원, 관립외국어학교 등 근대식 교육기관이 설립되고, 아울러 이 시기에는 선교사들이 기독교를 전파하려는 목적으로 기독교 계통의 사립학교, 이화학당, 배재학당, 경신학교, 배화여고, YMCA학관 등이 건립되었다. 이 시기의 관립영어교육기관은 역관, 외교관 양성 목표로 근대화를 도모하는 것이 목적이었고, 사립학교에서는 선교활동이 주요 목적이었다.

이 시기를 한국 영어교육의 태동기라고 규정한다. 이 시기의 영어교육은 영어의 모국어 화자가 직접 영어교육을 담당하고 미국의 교과서, 성경, 찬송가 등이 영어 교재로 활용되어서 영어교육의 질적인 측면에서는 비교적 우수한 자질의 영어교육이 실시되었다고 평가될 수 있다.

그 후 일제침략시기를 거치면서 일어를 통한 영어교육이 시작되는 상황에 이르러서 한국의 영어교육은 이전의 영어교육 태동기에서 한 걸음 후퇴하는 국면을 맞게 된다. 일본에서 해방된 후 미군정시기에 과도기와 임시교수요목시기를 거치면서, 해방 이후의 사회 · 정치적인 혼란을 수습하고 대한민국 정부가 수립되면서 제1차 교육과정이 제정되고 한국의 공식적인 교육과정 시기가 열리게 된다. 이 과정은 다음 〈도표 1〉에 요약 · 정리되어 있다.

한국에서 공식적인 교육과정이 제정된 이후인 제1차 교육과정에서 제7차 교육과정 시기까지의 각 시기별 교육과정이 제정되는 시대적 배경에 따라서 초등학교, 중학교, 고등학교 영어교육 내용이 결정되었다. 제1차 교육과정은 한국 최초의 교육법이 공포되고 교육과정이 최초로 제정되었다는 점에서 그 역사적 의의를 찾을 수 있고, 제2차 교육과정은 사회 · 정치적 변혁 시기에 사회적 안정과 경제개발을 위한 합리적 사고를 강조하는 교육과정의 특징을 지니고 있다. 제3차 교육과정은 새마을 운동, 유신과업의 수행 등, 사회적 배경을 등에 업고 경험 중심 교육과정에서 학문 중심의 교육과정으로 전환되었다. 제4차 교육과정은 유신헌법의 폐지, 제 5공화국 출범 등 변혁의 시기에 교육 과정의 모든면에서 개혁이 시도되었다. 제5차 교육과정 시기는 1986년 아시안게임, 1988년 올림픽 경기가 한국에서 개최됨으로써 국제화 시대에 부응하는 영어능력 배양이 강조되는시기를 맞이하게 된다. 제6차 교육과정 시기 중에는 한국이 OECD 회원국에 가입하게 되면서, 국제화시대에 맞는 영어의 구사력 배양이 영어교육의 목표로 더욱 선명하게 부각되면서, 아울러 영어과 교육과정에서도 문법 중심 교수요목에서 의사소통 중심교수요목으로 탈바꿈하는 일대 전환점을 맞이하게 된다. 제7차 교육과정에서는 제 6차교육과정의 개혁의 분위기를 몰아서 학생들의 학습능력을 강조하는 수준별, 학생 중심교육과정으로 전환하는 발전사를 거치게 된다. 위의 내용이 〈도표 2〉에서 일목요연하게 정리되어 있다.

중학교와 고등학교의 교육목표는 영어능력 향상에 대한 기본적인 항목은 교육목표에서 공통적으로 제시하면서 제4차 교육과정에서 부터는 세부적인 교육목표를 숫자 항목으로 제시하기 전에 일반적인 교육목표가 제시되는 특징을 발견할 수 있다. 특히 제6차, 7차 교육과정에서는 중학교 고등학교의 교육목표 내용 속에 외국문화에 대한 수용과, 우리 문화를 발전시키고 소개할 수 있는 능력을 강조하여 1990년대 이후의 한국의 경제 성장과 더불어 국제화 시대에 대한 요구가

〈도표 1〉 한국 영어교육의 변천 과정 Ⅰ

시대구분	영어교육의 태동기	영어교육의 침체기		
		일제침략시기	과도기	임시교수 요목시기
연도	19세기 말 -	1910 - 1945	1945 - 1946	1946 - 1954
교육목표	•관립영어교육기관 : 역관, 외교관 양성. 근대화를 도모함 •사립학교 : 선교활동 및 근대화를 도모함	•실용주의 표방 •일어사용을 강요하여 영어교육은 극도로 제한됨	•해방직후 사회적 혼란을 수습하기 위해 군사조치단행	•문장문법에 대한 기초 능력, 회화능력 배양 •교과의 체계적인 지도와 지력을 기르는데 중점
교과서	•미국의 교과서, 성경, 찬송가 사용	•일본인이 저술한 교과서만을 사용 •교과서의 저자는 미국유학을 경험한 사람이거나 정규 영어교육을 받은 사람임	•한국교육위원회를 조직하여 당면한 교육문제를 해결함	•교사가 준비한 등사물, 판서에 의거 •새로 편찬한 교과서도 모두 일본의 내용을 답습함
교사진	•대부분이 영어 모국어 화자 •중국인도 포함되고 후반에는 한국인도 포함됨.	•초기에는 미국인과 일본인이 담당했으나 말기에는 미국인은 모두 귀국하고 한국인도 영어교육에 참가		•일본인이 모두 철수하자 한국인이 영어교육을 담당하게 됨
교육내용	•듣기, 말하기, 읽기, 쓰기 의 네 가지 기능의 발달을 고루 도모함.	•번역위주의 교육 •발음, 받아쓰기도 포함됨		•문장문법에 대한 기본능력, 회화능력 배양 •각국의 문화를 이해하는 능력 배양
교수방법	•한국어의 사용을 배제하는 직접교수법(Direct Method) 활용	•한국어나 일어 사용을 통한 영어교육을 실시하여 문법-번역식 교수법(Grammar-Translation Method)활용		•한국어를 통한 영어교육이 실시되어 문법-번역식 교수법(Grammar-Translation ethod) 활용
역사적 의의	•1883년 동문학 설립을 필두로 한국의 근대화교육 및 영어교육이 시작됨.	•일어를 통해서 영어를 학습해야 하는 상황이 발생하여 영어교육이 한걸음 후퇴하는 결과를 초래 •일본식 교과서가 한국에 오랫동안 영향을 끼침		•한국어를 통한 영어교육 실시 •문법에 대한 능력을 중시함 •문화적 능력 배양을 강조함

(출처: 박경자 외, 2013: 95-96)

교육목표 속에 적절하게 반영되어 있음을 알 수 있다.

한 나라의 교육과정은 그 시대의 정치적·사회적 상황을 반영하는 것이다. 한국의 영어과 교육과정도 그 시대적인 요구 사항을 반영하여 제정되고 변경되었으며, 우리는 영어과 교육과정의 변천사를 통해서 한국 영어교육의 목표와 내용의 적절성, 또 앞으로 영어교육의 발전 방향을 점검해 볼 수 있다. 향후 정보통신과 기술력의 발달이 가속화되면서, 전 세계의 의사소통의 필요성이 더욱 가중될 것이다. 이러한 의사소통의 시대적인 요구 사항을 이행할 수 있는 세계 공통의 언어는 영어라는 점에는 의심의 여지가 없는 것으로 판단되며, 앞으로 세계어로서의 영어가 수행해야 하는 역할은 그 비중이 더욱 커질 것임이 분명하다(박경자 외, 2013).

〈도표 2〉 한국 영어교육의 변천과정 2 (제1차 - 제7차 교육과정 시기)

시대구분	한국 영어교육의 발전기 (제1차 제7차 교육과정 시기)						
	제1차	제2차	제3차	제4차	제5차	제6차	제7차
연도	1954 - 1963	1963 - 1973	1973 - 1981	1981 - 1987	1987 - 1992	1992 - 1997	1997 - 2006
시대적 배경	●한국 최초로 교육법이 공포되고 교육과정이 최초로 제정됨 ●검인정 교과서 제도 사용	●4·19 혁명, 5·16군사혁명 등 정치 사회적 변화 시기 ●사회적 안정과 경제개발을 위한 합리적 사고 강조	●새마을 운동, 유신과업의 수행, 국적 있는 교육의 강조 ●경험 중심 교육과정에서 학문중심 교육사조를 도입함	유신헌법의 폐지, 제5공화국 출범 등 변혁의 시기 ●교육내용, 각 교과의 시간배정, 수업방법, 평가방법등 모든 면에서 변혁이 시도됨	●1986년 아시안게임, 1988년 올림픽 개최 등으로 국제화 시대에 부응하는 영어구사력에 대한 요구가 팽배 ●해외여행자유화조치로 영어구사력에 대한 욕구 상승	●한국의 경제 성장으로 한국인이 자신감을 회복함 ●한국이 OECD에 가입하게 되어서 국제화 시대에 대한 요구가 더욱 강해짐 ●국가발전과 국제사회에 기여함을 강조	●교육과정에 구성주의 철학을 도입 ●구성주의 교육철학에 기초하여 교육의 형식보다는 학생들 스스로의 학습능력을 강조
영어과 교육과정의 특징	●생활중심의 교육과정 표방 ●임시교수요목 시기와 유사한 교육목표 설정 ●문장 문법에 대한 기초 능력, 회화능력 및 각국의 문화를 이해하는 능력 배양	●일상적인 언어를 듣고 말하는 능력 배양 ●듣기 말하기 구두훈련 강조 ●외국어를 통한 한국의 문화 소개를 강조함 ●외국인에 대한 이해 증진	●영어의 네 가지 종합적인 어학능과 사용능력 배양 ●문형, 문법사항, 필수어휘표, 제시문장의 제한 등을 도입하여 영어교육이 문법중심으로 일관됨	●국제화 개방화 국정지표에 맞추어 영어교육도 생활영어 구사력 배양을 강조 ●지도방법을 의사소통능력 신장에 중점 ●영어의 네 가지 기능에 대한 고른 평가 강조	●영어의 네가지 기초능력을 신장하여 의사소통능력을 강조하는 교육과정 편성 ●문장중심에서 담화중심으로 이동	●학생들의 요구를 반영함 ●인간적인 발달과정을 중시함 ●의사소통중심 교수요목 도입 ●실용성 우선의 방법과 내용 도입 ●언어기능의 재분류	●의사소통능력 과 언어사용능력 신장 강조 ●음성언어 우선의 영어교육 ●수준별 교육과정 권장 ●다양한 학습과업을 통한 수행활동 강조 ●학생중심 교육과정

(출처: 박경자 외, 2013: 97)

7.2 Cultural Identity in Korean English

Bok-Myung Chang
Namseoul University

Chang, B-M. (2010). Cultural Identity in Korean English. *Journal of Pan-Pacific Association of Applied Linguistics, 14(1), 131-145.*

This study aims to investigate the cultural identity of Korean English and to make the intercultural communications among non-native speakers successful. This research will be helpful in enhancing our students' inter-cultural or cross-cultural awareness and enabling Asian youths to impart their local values in view of global perspective.

The purposes of this study can be summarized as follows: 1) to recognize the concept of English as an International Language(EIL), 2) to emphasize cross-cultural understanding in the globalized world, 3) to investigate the cultural identity in Korean English, and 4) to suggest a good model for cultivating the cultural intelligence in EFL. For these purposes, this study focuses on investigating characteristics of Korean English based on value systems. Also this research surveys the para-linguistic features and socio-cultural characteristics of Korean English through analyzing word's connotations, syntactic differences, non verbal actions and gestures, address terms, interpersonal relations among Koreans, communicative behaviors, pragmatic features of Korean English, and emotions. As a conclusion, it is necessary to cultivate the cultural intelligence among English language learners in the globalized world.

Key Words: cultural identity / intercultural communication / English as an International Language / cultural intelligence / para-linguistic features / socio-cultural characteristics

1 Introduction

Every year Korea spends billions of dollars on English education from elementary schools and universities. Many people also spend vast amount of time, money and energy at correspondence schools, prep schools, commercial English language schools, and lifelong educational institutions in order to learn English. Also one of the main purposes of English education in Korea can be said to cultivate the communicative competence of Korean EFL learners.

Despite these enormous investments, Korean people lack confidence about their English proficiency and always are eager to learn and practice English in order to overcome their inferiority complex toward native speakers of English. So we need to devise more successful ways to make English education successful in Korea and most Koreans who lack the self-confidence in their English proficiency, feel confident in English abilities, so that Korea can gain the successive results for the enormous investment of time and money on English education.

English has evolved into an international language for global communication. While 350 million people speak English as a mother tongue, 400 million speak the language as a second language, and 750 million speak it as a foreign language (Crystal, 2003). So it is natural to find more common cases of the communication between Asian people through English rather than their native language, which has motivated to do research on cultural understanding among native speakers and non-native speakers. This study focuses on achieving these purposes: 1) to recognize the concept of English as an International Language (EIL), 2) to emphasize the cross-cultural understanding in the globalized world , 3) to investigate the cultural identity in Korean English, and 4) to suggest a good model for cultivating the cultural intelligence among students of divergent countries.

From the results of this research, the following conclusions could be found: it is very important to emphasize cultural intelligence in communicative competence among English learners. Cultural intelligence is defined as the social and emotional intelligence plus cultural awareness, and the main function of cultural intelligence is to develop student'awareness of culture-specific aspects of communication that may combine with more personal styles and responses. So the focus of teaching and learning English as an international language must be transformed to cultivate the cultural intelligence through sharing information, receiving information, and noticing similarities and differences. This research on the cultural identity of Korean English will be helpful in understanding Korean people and Korean English by predicting the miscommunications stemming from cultural differences of Korea.

2 THEORETICAL BACKGROUND

2.1 English as an International Language

These days, we are using English as a communicative tool in every aspects of life. Jenkins (2003) found that in the period between the end of the reign of Queen Elizabeth I in 1603 and the later years of the reign of Queen Elizabeth II at the start of the twenty-first century, the number of speakers of English increased from a mere five to seven million to somewhere between one-and-a half and two billion. The English language was spoken in the mid-sixteenth century only by a relatively small group of mother-tongue speakers born and bred within the shores of the British Isles, it is now spoken in almost every country of the world, with its majority speakers being those for whom it is not a first language.

Crystal (1997) found that currently, there are approximately seventy-five territories where English is spoken either as a first language (L1), or as an official (i.e. institutionalized) second language (L2) in fields such as government, law and education. From these data, we can infer that English plays not only a role as an agent of transcending the cultural values of England or America, but also a role as a communicative tool for every aspect of life; economics, politics, culture, finance, travel, scientific research, military, etc. Smith

(1976) states three views about English: World English (WE), English as an International Language (EIL) and English as Lingua Franca as follows: 1. English as an International Language is "decultured", i.e., English learners do not need to internalize the cultural norms of native speakers of the language: 2. The ownership of it has become "de-nationalized" 3. The educational goal of learning it is to enable to communicate their ideas and cultures to others. Considering these factors in technological and cultural innovation, it is necessary to set up a new model of English as an international language. Until recent times, English was used as a communicative tool among native English speakers, but recently English was used as a tool among native English speakers (henceforth NS) and nonnative English speakers (henceforth NNS). Even more the communication between NNSs and NNSs is delivered through English, so it is urgent to set up a new model of English as an "International Language" or a "World English."

One of the most famous scholar who defined the notion of World English, Kachru (1992) defined World Englishes as three concentric circles, the Inner Circle, the outer Circle, and the Expa nding Circle. Each circle represents the types of spread, the patterns of acquisition, and the functional allocation of English in diverse cultural contexts. The Inner Circle contains the countries in which English is used as a national language: USA, UK, Canada, Australia, and New Zealand. The Outer circle contains the nations in which English is used as a second language; Bangladesh, Ghana, Kenya, Malaysia, Singapore, etc. The Expanding Circle includes the nations in which English is being used as a foreign language: China, Egypt, Indonesia, Japan, Korea, etc. Jenkins (2003) said that the English spoken in the Inner Circle is said to be 'norm-providing', that in the Outer Circle to be 'norm-developing' and that in the Expanding Circle to be 'norm-dependent'. In other words, English-language standards are determined by speakers of English as a national language. Another scholar who contributed to construct the notion of World English, McArthur(1987) suggested the model Circle of World English , which places International English at the centre, followed by moving outwards: a band of 8 regional standard Englishes.

The more recent attempt to take account of developments in the spread of World Englishes is that of Modiano (1999). He breaks completely with historical and geographical concerns and bases the first of his two models, 'The centripetal circles of international English', on what is mutually comprehensible to the majority of proficient speakers of English, be they native or non-native. The centre is made up of these who are proficient in international English. Modiano redrafted his idea in response to comments which he had received in reaction to his first model. At the centre is EIL, a core of features which are comprehensible to the majority of native and competent non-native speakers of English. The second circle consists of features which may become internationally common or may fall into obscurity. Finally, the outer area consists of five groups (American English, British English, other major varieties, local varieties, foreign varieties) each with features peculiar to their own speech community and which are unlikely to be understood by most members of the other four groups. For people who use English as a second language, foreign language or international language, the cases of interaction among non-native speakers are increasing very rapidly. Korea and most other Asian countries belong to the expanding circle which was suggested in the Kachru's model, so it is natural to find the cases that people in expanding circle countries interact among non-native speakers through English. So, if we were to cultivate English proficiency of Koreans, it would be necessary to construct the environment of learning English as a foreign language or international language. And English learning environment in expanding circle countries must include the environment for NNS - NNS interaction as well as NS-NNS interaction.

2.2 Cross – Cultural Understanding in the globalized World

Every culture is different in its categorization of experience and environment. So the causes of miscommunication as well as misunderstanding include linguistic differences and underlying cultural differences. Investigation of the structured system of value orientations in Korea, thus, gives us insight into Korean English as a world English.

When communicating with people from different cultural backgrounds, the interlocutors, people who are participating in the conversation must know not only the form-function relation of the foreign language and the social constraints on how certain things are said, but also the basic values and other cognitive aspects of acceptable behavior in each other's society. For effective communication across cultures, many studies propose universal pragmatic principles such as the speaker must be sincere and speak the truth and the speaker must say only as much as required because irrelevant and redundant speech is just a distracters that only makes the conversation ineffective. These principles best serve when the goal of communication is simply to transmit information. However, in interpersonal relationships, these principles are employed in many different ways where the interlocutors have different value systems.

So, to achieve successful communication, you have to be aware of cross-cultural differences that affect language use. For example, Korean adults do not commonly use nicknames nor first names. Instead, Korean adults commonly use a deferential speech style in their daily social interactions. Now what we need to do is to understand linguistic and communicative differences resulting from value orientations.

Prof. Michiko Nakano(2006) emphasized the importance of cross-cultural understanding through mentioning the objectives of Cross-Cultural Distance Learning courses like these : the first goals of the course is to enable our students to achieve the English ability to integrate the four components of communicative competence : grammatical, discourse, sociolinguistic and strategic competence. The second is to enhance our students' inter-cultural or cross-cultural awareness so that rather than adopting native English cultural norms, they are encouraged to create a culturally third-place in which Asian youths can deal with real problems in the world, possibly fostering pluri-cultural personality. The third goal is to enable Asian youths to impart their local values in view of global perspective so that their cultural and social literacy should be shared among them.

Lee (2004) proposes a Cultural Learning Tree in which he

emphasizes that learners must recognize themselves as cultural beings; cultural awareness is the starting point of culture learning. Cultural awareness includes empathy, openness toward other cultures, willingness to engage in active negotiation of meaning, willingness to suspend judgment and to take into consideration cultural differences.

3 Characteristics of Korean English based on value systems

It is said that the value system in Korea has become a lot more like the western one due to a structural change of Korean society from a traditional, vertical system to the modern horizontal form since World War II. The young generation has been much westernized in their way of thinking and behaviors and many leaders have been educated abroad. However, traditionalism is still found in most Koreans' consciousness, which is reflected in language.

Individualism, equality, directness (confrontation), pragmatism, and rationalism are values considered important in America. But what do you think is important in Korea? Collectivism, hierarchism, indirectness, formalism, and emotionalism, these are our values. Among these five value dimensions, the first two appear to be basic, thus marking the most characteristic distinctions between Americans and Koreans. Individualism, which is an important value in America, means that the extent to which you are involved in someone else's business is relatively lower than in other cultures, sometimes, even when it comes to your family matters. Compared to this, you are more concerned about things that are not directly related to you in Korea. It is so because of that distinctive value, which we call collectivism. Egalitarianism has to do with the concept of equality: symmetrical / horizontal relationships. In contrast, hierarchism means asymmetrical, vertical power relationships. Most oriental countries including Korea are based on Confucianism. It is the basic idea of Korean and it affects Korean lives for a long time. The abundance of honorifics and respectful expressions in Korean English stemmed from the Confucian virtue of respecting others and humbling oneself.

3.1 Honorific Words : Special words used to old people

Korean language includes a lot of example of honorific words and suffix, so this paper would like to suggest one example for each case.

Table 1. Honorific words examples

Meaning	Common Words	Honorific Words
food	bap (밥)	jinji (진지)
speech	mal (말)	malssum (말씀)
age	nai (나이)	yeonse (연세)
disease	byung (병)	byungwhan (병환)
house	gip (집)	daeg (댁)

Table 2. Honorific suffix examples

Honorific Suffix	meaning	Common Expressions	Honorific Expressions
- nim (님)	grandmother	halmeoni (할머니)	halmeonim (할머님)
	elder brother	hyeong (형)	hyeongnim (형님)
	elder sister	nuna (누나)	nunim (누님)
	elder brother	orabeoni (오라버니)	orabeonim (오라버님)

3.2 Sociocultural Values in Korea

The fundamental value systems for the oriental countries and western countries are totally different from each other. One of the most distinctive value systems for the oriental countries is the collectivism and group orientation, for example, Our house (vs. my house), Our husband (vs. my husband)

Yes/no response (other-orientated response)
AI : You like pizza? … Don't you like it?
KS : Well…. Yes, I don't like it. (meaning 'He doesn't like pizza.')

Table 3. The comparison between Oriental and Western Value Systems

	Oriental Value Systems	Western Value Systems
1	Collectivism and Group Orientation	Individualism and Privacy

2	Hierarchy / Rank / Social Status	Equality
3	Cooperation	Competition for Success
4	Spiritualism	Materialism
5	Strong Face-consciousness	Weak Face-consciousness
6	Being Orientation	Action/Work Orientation
7	Formality	Informality
8	Indirectness	Directness / Openness / Honesty
9	High Considerate	High involvement
10	Conservative	Liberal
11	Ethics -Oriented	Rules and Regulation Oriented

4 Para- linguistic Features and Socio-cultural Characteristics of Korean English

In this section, paralinguistic features and socio-cultural characteristics of Korean will be explained.

4.1 Word's Connotations

There are significant differences in connotation between the Korean words and their English equivalents. For example, when Koreans say "*gohyang* " (hometown), it means the place of our ancestors, of our kin and neighbors. It is the place from which we derive our identity. In other words, the term "*gohyang*" carried a deep sense of human interrelatedness and interdependence. The concept of "*hyodo*" (filial duty) seems relatively unfamiliar to American. However, to Koreans, it refers to a particular relationship between parents and children, a relationship of sincerity and respect as well as loyalty, obedience, and sacrifice. Therefore, terms such as "*gayinjuuy*" (individualism), "*Sali*" (self-interest), and "*jajonsim*" (self-esteem) carry strong negative connotations due to their association with selfishness and egocentricism and concepts such as privacy, self-concept, and identity seem a bit selfish to us, Koreans.

4.2 Syntactic differences

(1) Americans write the given name first and the family name last. If they don't know each other very well, Koreans do not call each other by their given names.
(2) Americans write a mailing address in the order of the personal name followed by gradually larger units (i.e., street, city, state).
(3) Whereas English noun phrases (both personal nouns and pronouns) must be explicitly expressed in sentences, Korean personal nouns and pronouns especially 'I' and 'you' are generally omitted if they are contextually or situationally understood. For example, we say 'plan to eat dinner in that restaurant'. Instead of 'I plan to eat dinner in that restaurant.'
(4) A strong feeling of collectiveness leads to expressions such as 'our country, ' our husband' instead of 'my country, ' or 'my husband'. In Korea, using 'my' gives an impression that the speaker is very egocentric or even arrogant.
(5) There are many expressions which reflect Americans' emphasis on privacy. These are derived from individualism. Koreans' emphasis on mutual involvement and concerns are derived from collectivism. In Korean greetings, you request some very personal information that can be considered rude when you ask such a thing in America. It sounds awkward if you ask somebody where he has been for a greetings but you do that in Korea.
(6) How about the responses to questions. Yes/no response of English is based on one's own action whereas Korean yes/no depends on agreement or disagreement with the content of the question. As some Japanese scholars have pointed out, the American communication pattern is me oriented whereas the Korean pattern is other oriented. For example, as a response to the question, didn't you go?, "Yes" in Korean means he didn't go, but "Yes" in English means he did go.
(7) Where the close involvement in the business of either your family or the mere acquaintances is more common, Koreans often ask personal questions about personal things such as marriage, salary age, and cost of the addressees' belongings. Koreans' interest in others' private lives are based on collectivism.

4.3 Non verbal actions and gestures

In this section, the non verbal actions and gestures of distinctive Korean language will be discussed.
(1) Koreans rarely go Dutch whereas Americans follow the custom of Dutch treat when paying at restaurant unless invited out. When you are drinking, Koreans fill each other's glasses and pass an empty glass around whereas Americans fill their own glasses and do not pass an empty glass to others.
(2) Before entering someone's room, Koreans often do not knock whereas Americans usually do. Well, in the past, they used to cough as some sort of signal that they were entering the room.
(3) Koreans visit people without previous engagement or prior notice whereas Americans seldom do. Also, Koreans generally prefer to stay close while engaged in conversation whereas Americans keep about an arm's length of personal space around themselves. For example, at a dinner table, an American asks his neighbor to pass the salt to avoid invading the latter's spatial privacy. A Korean will reach over and take the salt himself because he feels like he is causing you trouble if he asks you a favor.
(4) Koreans seem to depend relatively more on their parents, their seniors from the same school, home town, whatever societal groups you can belong to. That's why decision-making is sometimes influenced by the head of an organization in Korea.
(5) The concept of hierarchy is very strongly reflected in the Korean language unlike in English. That is what creates different communicative patterns for different levels of groups in Korea.

4.4 Address terms

(1) Americans show a certain degree of hierarchism in every walk of their life in address and reference but Koreans are much more hierarchical than Americans. Americans like informal and comfortable relationships. So, they often call each other by their first names even when their social statuses are not the same. American's use of

deferential and plain forms of address and reference is determined by the dimension of solidarity not by the hierarchical dimension. What I mean is that what title you are going to use is determined by how close you feel to the person you are talking to, not by if that person is higher or lower, or older or younger. For instance, both the professor and the student can call each other's first names in America, but in Korea, professors call your first names and students must use appropriate titles like 'professor' or 'teacher'.

(2) The use of Korean honorifics reflected on rank status based power relationship. Titles are hierarchical in Korean whereas English titles such as Mr. Mrs. Miss do not have any hierarchical connotation. A president of a company can be called just "*sajang*" when the caller is older or higher-ranking person. But he is also called "*sajangnim*" when younger or lowerranking person is addressing him. So, the difference between these two titles is that the suffix-*nim* is added to show respect from a younger or lower-ranking person.

(3) Pronouns in Korea are also hierarchical. Even when you are talking about yourself, you can say "*je*" to an older or higher-ranking person and you say "*na*" to a person on an equal or lower status.

(4) There are terms for social superior's family member, possession, action, and manner. The deferential terms for a superior's wife are "*samo-nim*" and "*buin*" (Mrs. Wife, deferential). In contrasts, the plain forms are "*che, anae, manura, jibsaram*". "*Daeg*" is the deferential for house and the plain form for house is jip.

(5) Six different speech levels for addressee honorifics are reflected in verbal suffixes: to show formal deference, the verb ending should be "–*subnida*", for informal deference, it'*s*" *-eyo*", you sound blunt if you are ending a verb with "*–so, -ney*" is for a close younger person, "*-e/ a* "shows intimacy, " *-da*"is just a plain verb ending.

4.5 Interpersonal relations among Koreans

(1) Koreans view age as one of the important elements for showing deference in the choice of honorifics and speech styles as well as non-verbal behaviors. Seniority counts in all aspects of life, such as in a promotion or the election of a chairman or president. The criteria that

determine the use of all different terms are not always the same. The seniority of two people from different groups is determined by rough age groups. If one person is in his early twenties and the other is in his late forties, a significant seniority exists in this relationship. But there will be no such thing if they are both in their thirties. However, if both them are from the same group such as the same school, even a 2 to 3 year's age gap can be considered very large.
(2) In traditional Korea, gender is another important social variable and non-reciprocal speech style is used in conversations between husbands and wives. Usually, wife uses the deferential level of you style while husband uses the intimate level of a style. Women generally use less assertive and more polite language than men.

4.6 Communicative Behaviors

Communicative behaviors are also different in two countries. Koreans do not have particular address terms for spouse whereas Americans have a variety of them (darling, honey, Jim, Mary). Korean wives say yebo, which means "look here" or they say abba, means dad, to call their husbands.

In Korea, since any open and direct disagreement can be taken as hostility, Koreans avoid such expressions as 'I disagree, ' 'I have a different view on that, ' 'I cannot agree with you, ' etc especially to their social superiors while the extent to which Americans avoid face-threatening disagreements is the same in all relationships.

Silence is golden in Korea whereas frankness and outspokenness are prized in America. Old Korean sayings explain that it is a virtue not to openly express one's opinions or feelings but to show humility by remaining silent. Koreans hardly say "I love you, " because they believe that love is not conveyed verbally. Even in conversations long silences are not only tolerated but often appreciated. Most Americans feel uncomfortable and rush in to fill the gap in the conversation when there is a long silence. This is why Americans often think Koreans are unfriendly whereas Koreans often think Americans are too talkative.

Expressive acts such as thanking, apologizing, congratulating, and offering condolences in Korea, are not as expressive as in English in terms of both the number of forms and frequency of use as well as their expressive intensity.

5 Conclusions: Cultural Intelligence

As English language spread to North America, Australia, and further to Asian and African countries, it has been transformed to different varieties by incorporating local languages, beliefs, worldviews, values, attitudes, and ideologies. English need to meet local needs of cultural expressions and identities. The main function of English as an international language is to play a role as a communication tools in divergent environment. In this environment, it is very important to understand the cultural differences among divergent countries.

Salovey and Mayer (1990) defines the notions of emotional intelligence and cultural intelligence. Emotional intelligence is the subset of social Intelligence that involves the ability to monitor one's own and others' feelings and emotions, to discriminate among them and to use this information to guide one's thinking and actions. Cultural intelligence is defined as the social and emotional intelligence plus cultural awareness, and the main function of cultural intelligence is to develop students'awareness of culture-specific aspects of communication that may combine with more personal styles and responses.

A model for cultivating the cultural intelligence through distance learning among Japanese and Korean university students can be suggested as a conclusion of this research. This model is based on Cross-cultural distance learning delivered among university students in Japan and Korea during the second semester, 2008. This class model was based on the cultural theme (i.e. social and global issues), and class procedure consisted with one week of preparation class, one week of joint class, and the students' submitting the reflection papers on the class. The class was conducted through distance learning using video-conferencing, chatting, e-mailing, and using bulletin board services (See Appendix A, for more specific information about the class). From the students' reflection papers, it can be found that this kind of class was helpful for raising the intercultural understanding among university students in Korea and Japan (Appendix B). So in the future, it is very important to integrate the concept of cultural intelligence into English and devise the practical mode, for example Cross-cultural distance learning model that can be applied to English educational contexts.

So the focus of teaching and learning English as an international language must be transformed to cultivate the cultural intelligence through sharing information, receiving information, noticing similarities and differences. This study introduces the concept of English as an International Language (EIL) and emphasizes the importance of cross-cultural understanding in the globalized world. Also this research surveys the cultural identity through studying the characteristics of Korean English based on value systems, and para-linguistic features and socio-cultural characteristics of Korean English. This research on the cultural identity of Korean English will be helpful in understanding Korean people and Korean English by predicting the miscommunications stemming from cultural differences between Korea and the West.

References

Kachru, Braj B. (1998). English as an Asian language. *Links and Letters*, 5, 89-108.

Lee, Kang-Young (2005). A study on A Model of culture teaching and learning through EFL/ESL conversation materials as a generator of the successful communicative competence. Unpublished doctorate dissertation. Korea University, Seoul, Korea.

Park, Kyung-ja, Nakano, & Lee, HK. (2003). *Cross-cultural distance learning and language acquisition*. Hankook Publishing Co., Seoul, Korea.

Park, Kyung-ja, Lee, Hikyung, & Kim, Sung-hye (2003). Para-linguistics and sociocultural differences. Paper presented at the Waseda University Digital Campus Consortium.

Chang, B.M. (2005). World English Acquisition through CCDL Project. *Journal of Pan-Pacific Association of Applied Linguistics, 9*(2), 241-261.

Crystal, D.(1995). *The Cambridge Encyclopedia of the English Language.* Cambridge: Cambridge University Press.

Crystal, D.(1997). *English as a Global Language.* Cambridge: Cambridge University Press.

Jenkins, J. (2003). *World Englishes*. New York: Routledge.

Kachru, B. (1992). *The Other Tongue: English Across Cultures* (2nd ed.). Urbana, IL: University of Illinois Press.

McArthur, A. (1987). The English languages? *English Today, 11,* 9-13.

Modiano, M.(1999) . Standard Englishes and educational practices for the world's lingua franca. *English Today, 15* (4), 3-13.

Modiano, M. (2000) .Rethinking ELT, *English Today, 16*(2), 30-34.

Nakano, M, et. al.(2006) .Networked English Language Education at Waseda University: Toward creating Asian-Pacific Intelligence (2)-CCDL and Cyber Seminars. In *Proceedings of the 10th Conference of Pan-Pacific Association of Applied Linguistics,* 173-184.

Nakano, M. (2006). General Framework: CCDL. In *CCDL Teachers'*

Manual Vol. 1, pp.7-16. Tokyo: CCDL Research Center, Waseda University.

Park, K.J.(2001). The importance of CCDL in English education. *English Language & Literature Teaching, 7*(2), 77-101.

Park, K., Nakano, M. and Lee, H. (2003). *Cross-Cultural Distance Learning and Language Acquisition.* Seoul: Hankook Publishing Company.

Yano, Y. (2006). The Effect of NNS-NNS interaction in University-level ELT in Japan. In *CCDL Teachers' Manual* Vol. 1, , .39-46. Tokyo: CCDL Research Center, Waseda University.

Appendix A. Culture-based Class Model through Cross-Cultural Distance Learning

1) Class Procedure

1. Preparation Class – 1 week (Reading + Research +BBS)
2. Joint Class – 1week (Voice Chatting + Text Chatting + BBS)
3. Reflection Paper

2) Cultural Theme of the class : Social and Global Issues

Topic 1: Introduction : Facilitation Skills, Intercultural translation
Topic 2 : Happiness Factors : Individualism/Collectivism
Topic 3 : Family Roles : High/Low context communication style
Topic 4 : Neighborhood : Relationship Development
Topic 5 : Climate Change : Agreement Styles

3) Preparation Class Procedure

Choose Top 5 Personal Happiness Factors
Clear goal in life, Convenient living environment,
Create & Sustain world peace, Cream/hope for the future,
Family ties, High post/position/status, Interesting hobby/leisure, etc.

↓

Write personal opinions and reasons for choosing five factors on BBS and discuss their opinions with the students from the counterpart university

4) Learning Points of Preparation Class and Joint Class

〈Preparation Class〉
- Raising awareness of reasoning behind others' happiness factors.
- Identifying individual and group related sources of happiness.
- Analyzing society in terms of group membership.

〈Joint Class〉
- Understanding the difference between individualism and collectivism.
- Raising awareness of personal value orientation related to individualism and collectivism.
- Considering the connection between personal and cultural values in terms of happiness.

Appendix B. Samples of Reflection Papers

1) My opinion ... First of all, I like this program. because I can meet another country friend and I have learned about other country's cultures, educations, and Japanese. And I don`t have to go abroad. It is this semester program`s benefit. We can learn English so easily and with fun through CCDL. And I want to use voice chatting more than this time. If I get a chance , I want to have the chance of chatting one more time

2) The main benefit of this course is to practice English and to make Japanese friends. We made new friends from another country while we typed English in chat room every week. This course improved my various English questions and typing skills. And I knew some diverse opinions of Japanese students. It is fresh and new in my memory.

3) Talking with friends in English is the best way to learn English.

Chatting with friends from other countries will improve our English, it is true.
We have practiced our conversational skills every week through making sentences, asking questions, accounting, comparing and contrasting, expressing emotion, etc. We discussed with the subject. CCDL gives us the chance to speak English freely.

7. 3 Korea's English Education Policy Innovations to Lead the Nation into the Globalized World

Bok-Myung Chang
Namseoul University

Chang, B-M. (2009). Korea's English Education Policy Innovations to Lead the Nation into the Globalized World. *Journal of Pan-Pacific Association of Applied Linguistics, 13(1), 83-97.*

This study is to historically survey the development of English language education policies in Korea to show that English education policies in Korea have developed to cultivate Korean students who are capable in a globalized world. This study has the following purposes: first, this paper surveys the origin of English education from the ending period of Chosun dynasty, and the developmental process through the Japanese Colonial period into the modern national curriculum periods. Second, this study emphasizes the development of English education policy by analyzing the 6th and the 7th national curriculum policies based on the progressive principles of educational philosophy. Based on the 6 progressive principles, this research paper can prove that English education policies in Korea have many traits for progressive orientation, which can play essential evidence for the development of English education policy. Third, this study can reveal the innovations of English education policies from the 1990s after the 6th and 7th national curriculums were reformed to direct English

education in Korea appropriate for the globalized world.
From the historical survey on the development of English education, we can conclude that the policies of English education in Korea have developed in the direction of cultivating the communicative competence of Korean learners. In the future, English education policies of Korea have to develop in the direction that can lead the communicative and cultural competence of Korean learners. Further, the direction of English education in the future needs to accommodate World Englishes with Korean , English as one variety of World Englishes.

Key Words: The Development of English Education/ the National Curriculums/the Educational Philosophy/ Progressivism/the Communicative Competence/the Cultural Competence/English Education Policies/World Englishes

1 Introduction

We can learn many things from the historical records in every aspect of human lives and society. The most recent year of 2008 marked the 125th year of systematic English education in Korea. The long history of English education in Korea has had a tremendous impact on the every aspect of Korean society. So a historical survey on the origin and development of English language and language education can play a significant role in giving direction for the future of English education in Korea.

This paper aims to survey historically, the origin and development of English education in Korea, and emphasize the innovations of English education policies in the 1990s when the 6th national curriculum was reformed. The first part of this paper surveys the historical background of English education from the Chosun Dynasty Period, from which the origin of English education in Korea started, the Japanese Imperialism Period and to the modern National Curriculum Period. The second part of this paper focuses on the developmental aspects of English education in Korea by analyzing the contents of the 6th and 7th national curricula based on the progressivism in educational philosophy. The characteristics of progressive philosophy will be suggested as theoretical background and the 6th and 7th national curriculum will be analyzed based on 6 progressive principles. From the results of this analysis, this paper can prove that the policy of English education in Korea has developed enough to give the appropriate directions for the future of English education in Korea. Also, this historical research can explain the characteristics of Korea English from the socio-political perspective, which can be connected to the concept of World Englishes.

2 Historical Background

This section surveys three historical periods of English education in Korea. The first period is the Chosun Dynasty, from which we can trace the origin of English education in Korea. The next historical survey is on the Japanese Imperialism Period, and the National Curriculum Period. The history of English education in Korea can be divided into three periods along with the historical accidents and events of Korea. Tise historical research will explain the origin and characteristics of English education in Korea.

2.1 The Chosun Dynasty Period

The English education in the Chosun Dynasty Period can be categorized into two groups by the institutes which delivered English education to Korean people :public institutes and missionary schools.

2.1.1 Public Institutes

English Education in Korea started with the opening of a public institute named Dong Mun Hak(同文學) in 1883. For the dynasty, the end of the 19th century was dynamic for global commercial trades as well as diplomatic relations: the Chosun dynasty opened its door to some Western European countries such as England and Germany as well as the United States of America. The dynasty was in an immediate need for officials who were able to communicate in the native languages of the countries for both commercial transactions and diplomatic purposes (Lee, 1978).

The purpose of this institute was to educate the translators who are the experts in translating and interpreting Korean into many foreign languages. The characteristics of English education in this institute can be summarized as follows:

1) the instructors were native-speakers
2) the teaching method was Direct Method
3) Written English (Reading and Writing) and Spoken English (Listening and Speaking) were taught.

In 1886, another public institute named Yuk Young Gong Won(育英公院) was established in order to cultivate young talented persons who were well educated to manage tasks necessary in modernized society. Having put a restriction on the selection of the students, the Yuk Young Gong Won's policy on English education was slightly more systematically developed than its predecessor in this way:

1) the instructors were Americans and were well qualified
2) English courses were intensive courses
3) All the teaching materials were written in English
4) Direct Method was adopted as a teaching method
5) the number of students in this institute were few, so it is rather easy to keep the qualification of English education high. This institute was evaluated genuinely as the first government level of the foreign language institute in seeking to advocate an active understanding of western culture and civilization through the authentic use of English(Chang, 1986).

In 1893, the public foreign language school(官立外國語學校) was established to educate young men who could handle the various tasks necessary to modernize Korea at that time. There were 6 different foreign language departments: i. e., Chinese, English, French, German, Russian, and Japanese. Compared to Yuk Young Gong Won, the public foreign language school followed the social and political movement of Gapokyungjang, and offered its academic opportunities to every citizen possible in Korea. The English education in the public foreign language school pursued the Direct Method, and the curriculum was specified into reading and translation, writing, dictation, and conversation (Lee, 1978). The difference of English education between 育英公院 and 官立外國語學校 is that more students were able to enter 官立外國語學校 because the changes in Korea removed the social status of Korean people. Another difference between two institutes is that there were Korean instructors at 官立外國語學校.

2.1.2 Missionary Schools

During the Chosun Dynasty period, another group of institutes lad English education. They were the missionary schools in Korea. The most noticeable schools of those days were BaeJae Boys High School(培材學堂), Ewha Girls High School(梨花學堂), Young Men Christian Association, Kyungshin Boys High School, Jungshin Girls High School, and Bawha Girls High School etc. These missionary schools played very important roles in modernizing the Chosun Dynasty not only in English education, but also in every aspects of Korean society.

In their curriculum, Bible readings mostly, English and science were taught. The distinguishable characteristics of these missionary schools compared with the public schools were: first, most teachers were missionaries, not qualified English language teachers, thus they lagged behind in pedagogical qualifications and experiences. The second was that English was not the major means of instruction for English education, so the Direct Method as a teaching method had not been thoroughly facilitated. The main purpose of these schools was to propagate Christianity into Koreans, so many missionaries took the roles of English teachers and the Bible was used as the English textbooks (Chang, 1986).

2.2 Japanese Imperialism Period

Korea suffered in every aspect during the Japanese Imperialism Period, especially in English education retrieved from the Chosun Dynasty period in several aspects. First of all, Korean people had to use Japanese in their personal lives and receive English education in

Japanese. Actual English language education in secondary and higher schools was regarded as being degenerative to Japanese Imperialism rule (Chang, 1986). Most Koreans had to learn English through another foreign language. English became one of those foreign languages; not required, but an elective courses in all schools. Most English educators were Japanese and this had a negative impacts to English pronunciation of Korean people. So the grammar-translation method was used as teaching method from Japanese Imperialism period.

Kwon(1995) reports that all of the textbooks for teaching English were written and published in Japanese by Japanese with some educational background from English-speaking countries. The textbook based on the curriculum strictly dealt with grammar and structural explanations.

2.3 National Curriculum Period

After Korea was liberated from Japanese Imperialism, English education was delivered through a tentative syllabus, and the first national curriculum was established in 1955. So the National Curriculum of Korea can be divided into10-year terms, the 1950s, the 1960s, the 1970s, and 1980s. And from the 6th National Curriculum period, the curriculum will be surveyed more specifically from the aspects of syllabus designs. This section summarizes the key points of English education during each 10-year term as follows.

2.3.1 The Tentative Syllabus Period

- Grammar-translation method was adopted as teaching method.
- The Tentative Syllabus Period was to emphasize the ability to understand the cultures of various foreign countries
- English education through Korean language began.

2.3.2 English Education of the National Curriculum in the 1950s

- Grammar-translation method was adopted as teaching method.
- The National Curriculum in the 1950s emphasized the ability to understand the cultures of various foreign countries.

- Empirical psychology played a role in developing English textbook.

2.3.3 English Education of the National Curriculum in the 1960s

- The National Curriculum in the 1960s emphasized the spoken ability of English – Listening and Speaking
- The first emphasis on the ability to introduce Korean culture to other countries.
- The Audio-Lingual Method was adopted as a major teaching methodology.

2.3.4 English Education of the National Curriculum in the 1970s

- The emphasis of the National Curriculum in the 1970s was on the communicative ability.
- The National Curriculum in the 1970s de-emphasized the grammar-translation method.

2.3.5 English Education of the National Curriculum in the 1980s

- The emphasis the National Curriculum in the 1980s was on the audio-visual teaching material.
- The emphasis the National Curriculum in the 1980s emphasized English test across four language skills (Listening, Speaking, Reading, Writing).

3 English Curriculum Reforms in the 1990s

A national curriculum is one of the most influential elements in improving language teaching. From the 6th curriculum, Korean English education policies have focused on the development of communicative competence in Korean students. In this curriculum, the English department made various reforms with respect to the previous curricula in Korea. Because of these reforms, the 6th curriculum is called "the innovation of curricula history."(Ministry of Education, 1992a, b)

3.1 Innovative Characteristics of the 6th and the 7th National Curriculums

The English curriculum of the 6th national curricula marked a revolution in the history of English in Korea, for they adopted a completely new approach to English teaching. In order to teach Korean students to communicate effectively, the 6th and the 7th curriculum made various reforms compared to the previous curriculums in Korea.

3.1.1 The Major Characteristics of the 6th Curriculum Reforms

These are the major characteristics of the 6th national curriculums. (Ministry of Education, 1992a, b).

1) A adaptation to Notional-Functional Syllabus

The most innovative element of the new curriculum was its change from the traditional grammatical syllabus to a type of notional-functional syllabus. The actual goal of the 6th curriculum was to improve the communicative competence of Korean students, instead of only grammatical competence. Therefore the 6th curriculum revises the English education policy and tries many innovations.

2) Comprehension before Production

The 6th national curriculum adopted the principle of "comprehension before production", so the textbooks published on the 6th national curriculum presented listening materials at the beginning of each unit.

3) Emphasis on Cultivating Communicative Competence

The 6th national curriculum emphasized developing communicative competence, which includes the policy for teacher training and retraining to increase the communicative competence of English teachers. Also the College Scholastic Ability Test also emphasized communicative competence.

4) Fluency over Accuracy

Another important change in the new curriculum is the shift from accuracy to fluency, which means that teacher and students be concerned with speedy processing of information through the English language without being inhibited by too much attention on accuracy.

3.1.2 The Major Characteristics of the 7th Curriculum Reforms

The 7th national curriculum was renovated on the basis of the following reform principles (Korea Institute of Curriculum and Evaluation, 1997):

1) English education for focusing the student-centeredness,
2) English Education for cultivating the communicative competence
3) English Education for utilizing various activities and tasks
4) English Education for fostering logical and creative thinking
5) English Education for functioning effectively as a nation in an era of globalization

The most innovative characteristics of the 7th national curriculum can be summarized as follows:

1) According to the guiding principles of the general remarks for the curriculums, English curriculum was developed in two parts: a required subject and an elective subject.
   English as a required subject applies from the third grade of elementary school through to the first grade of high school. English as an elective subject applies for the second and third grades of high school.
2) In the 7th curriculum reform, a proficiency-based language program was introduced. The 7th curriculum adopted a proficiency-based in order to allow students to learn according to their own abilities and interests. The proficiency-based language program consists of three types of programs:
   a) a proficiency-based curriculum in the form of intensive and supplementary program: This applies to elementary schools where students are taught in the same class or grade, but are divided into an intensive or supplementary group according to their achievement levels.
   b) a proficiency-based curriculum in stages: This applies to the first grade in middle school(Stage5a) through to the first grade in high school (Stage 8b). If students do not accomplish the learning goals at each stage, they can study at the same stage for one time only. If students show differences in their levels of ability within the same stage, a proficiency-based curriculum in the form of intensive and supplementary programs can be applied.

c) a proficiency-based curriculum in the form of elective subjects: This applies to the second and third grades in high school. Students can choose a subject appropriate to their aptitude, interests, future career and level.

3) It intends to foster accuracy and fluency by presenting communicative functions and example sentences. These communicative functions and sample sentences are references for oral communicative activities. As references for written communicative activities, linguistic functions are presented,

3.2 Curriculum Reforms based on the Progressive educational philosophy

The main purpose of this section is to provide some clear evidence for the development of English education in Korea through analyzing Korean national curriculums focusing on the progressivism of the educational philosophy. This study sets up 6 progressive principles as the criteria to evaluate the curriculum reforms, which were systemized through the literature survey on the progressivism of educational value systems. TABLE 1 summarizes the progressive principles from the educational philosophies (Clark, John L., 1987).

TABLE 1
Progressive Principles for Curriculum Reforms

Progressive Principle	Curriculum Reform Contents
Progressive Principle ①	Focusing on Communicative Activities and Tasks
Progressive Principle ②	Focusing on Language Acquisition Process
Progressive Principle ③	Emphasizing on the Pre-Productive Stage
Progressive Principle ④	Emphasizing on the Process-Oriented Syllabus
Progressive Principle ⑤	Emphasizing on Mastering Learning
Progressive Principle ⑥	Focusing on Individual Differences of Students

The next parts provide the progressive traits of the 6th and 7th curriculum reforms based on 6 principles of progressivism.

3.2.1 Principle ① Focusing on Communicative activities and tasks

According to the reform principles of the 7th national curriculum(Korea Institute of curriculum and Evaluation, 1997), the reform principles ②, ③ emphasized focusing on Communicative activities and tasks like these :

② English Education for cultivating the communicative competence.

③ English Education for utilizing various activities and tasks.

The results of analyzing English textbooks published based on the 6th and 7th national curriculums gave clear evidences for focusing on communicative activities and tasks instead of suggesting just grammars and sentence patterns in the previous national curriculums of Korea.

This orientation to focus on communicative activities and tasks can be proved by analyzing the communicative function categories from English textbooks published on the 6th and 7th national curriculums. According to Chang (2001), the communicative function categories of 6th national curriculum include Personal Function (12.5%), Interpersonal Function(25%), Directive Function(14.2%), Information Search Function(44.5%), Creative Function(3.9%). The results show that the communicative function categories for the 6th national curriculum concentrates on the Information Search Function and Interpersonal Function. And the distribution of Creative Function is relatively very low.

According to Chang (2001), the communicative function categories of the 7th national Curriculum include Intimate Activities (21.7%), Exchanging Factual Information (25%), Expressing Intellectual Attitude (22.4%), Expressing Emotion (13%), Expressing Moral Attitude (1.4%), Persuading & Suggesting (2.1%), Problem Solving (14%). From analyzing the curriculum contents of the 6th and 7th national curriculums, we can conclude that the national curriculum of Korea adopted the Progressive Principle ①: Focusing on Communicative activities and tasks. This fact can be contrasted with the orientation for the grammar-translation method in the 1st-5th national curriculums in Korea.

3.2.2 Principle ② Focusing on Language Acquisition Process

According to the curriculum contents(Ministry of Education, 1992a, b), the 6th national curriculum of Korea adopted the acquisition theory, and divides the language functions into productive skills and receptive skills, which are presented prior to productive skills(Chang, 1995, 2001).

3.2.3 Principle ③ Emphasizing the Pre-Productive Stage

According to the curriculum contents (Ministry of Education, 1992a, b), the 6th national curriculum of Korea constituted the curriculum contents based on the students' developmental stages. The 6th national curriculum organizes the learning material according to the students' developmental stages. The acquisition sequence of communicative competence is comprehension-production, so the 6th national curriculum began to emphasize the comprehensible process for beginning level students and productive process for intermediate and advanced level students (Chang, 1995).

3.2.4 Principle ④ Emphasizing on the Process-Oriented Syllabus

The 6th and 7th national curriculums adopted the notional-functional syllabus and various syllabus types (Chang, 2001). The 6th national curriculum adopted the notional-functional syllabus instead of the grammatical-structural syllabus. Moreover, the 7th national curriculums developed the syllabus types into multi-syllabus model through adopting not only the product-oriented syllabus (grammatical-structural syllabus and notional-functional syllabus), but also the process-oriented syllabus types (procedural syllabus, task-based syllabus). Since the 6th curriculum was adopted, Korean English education policy has focused on the development of communicative competence in Korean students.

Within Korean tradition of English curriculum, the change of syllabus design from the structural-grammatical syllabus into the notional-functional syllabus can be a very innovative event. The 7th curriculum proposes to combine the notional-functional syllabus and grammatical-structural syllabus so that we can compensate for the incompleteness of the syllabus design of the 6th curriculum and foster the communicative competence in a natural environment.

Through analyzing the syllabus designs of 6th and 7th curriculums, it is indicated that the 7th curriculum adopts various syllabus designs-the product-oriented syllabuses (grammatical-structural syllabus, notional-functional syllabus), and the process-oriented syllabuses (procedural syllabus, task-based syllabus). This fact can prove that the curriculum reforms of English education in Korea were very appropriate for the progressive principles for emphasizing the process-oriented syllabus.

3.2.5. Principle ⑤ Emphasis on Mastering Learning

The 7th national curriculum reduced the contents of learning material by 30%. The 7th national curriculum reforms has reduced the contents of learning by 30% compared to the 6th curriculum in order to maintain the levels of learning contents at a reasonable level (Chang, 2001).

3.2.6. Principle ⑥ Focusing on Individual Differences of Students

In the 7th national curriculum reforms, a proficiency-based language program
was introduced in order to allow students to learn according to their own abilities and interests (Chang, 2001). Also the 7th curriculum reform principles emphasized topics which are appropriate for developmental learning and helpful for intellectual and emotional development and forming a sense of value (Chang, 1999).

Through these innovative characteristics of the 6th and 7th national curriculums, we can conclude that the national curriculums of Korea have developed to cultivate the communicative competence of Korean students based on the progressive principles in order to cultivate English abilities for Korean young students to become capable in a globalized world.

4 Korea's English Education Policy Innovations

Through analyzing the characteristics of the 6th and 7th national curriculums, it can be found that Korea's English education policies have been innovated to cultivate the communicative and cultural competences of Korean students who play an important roles as representatives of Korea in a globalized world. Many innovative traits in English education policies can be found after the 6th national curriculum was adopted in Korea, the most distinguishable innovations in Korea's English education after the 1990s can be summarized as: English education in Elementary Schools, Importing Native Speaker Teachers, The College Scholastic Ability Test.

4.1 English Education in Elementary Schools

The most important innovations in the history of English education in Korea is the introduction of the teaching of English as a regular subject into elementary schools in 1997. Before that, English was taught as an extra-curricular activity. After English was introduced as a regular subject in elementary school, English teaching in elementary schools became the people's prime interest.

The one of characteristics of elementary school English is to exclude totally written language in the first year. In the second year, reading is limited to the identification of the letters of alphabet. From the third year of instruction, reading on the word level and writing on the alphabet level and on the short sentence level are taught. Also the vocabulary is strictly controlled. Only 500 words over the course of four years are taught: 100 words each the 3rd and 4th grades, and 150 words each in the 5th and 6th grades. The 16 textbooks for elementary school English were authorized by MOU in 1997. And the textbooks were organized based on the notional-functional syllabus, which was the most distinguishable aspect from the textbooks published from the 1st and 5th national curriculums (Ministry of Education, 1995, 1996)

4.2 Importing Native Speaker Teachers

According to Dusthimer & Gillett (1999), there have been five waves of NS teachers who came to teach English in Korea. The first wave came at the end of the Chosun Dynasty of Christian missionaries who came to Korea in order to proselytizing Koreans and taught English. The second wave were new groups of missionaries who came to Korea after the liberation of the country. The third wave ware the Peace Corps volunteers from the US who were assigned to secondary and tertiary education institutions. The fourth wave came at the end of the late 1970s, with a need for English teaching professionals to teach in industry and education. Then in the 1990s, the fifth wave was comprised of the NS teachers who came through the Fulbright English Teaching Assistant Program and MOE's English Program in Korea. In addition to MOE's English Program in Korea, which was designed to supply NS teachers to secondary schools, universities and colleges began to hire NS instructors on their own. These influx of the NS instructors in Korea's secondary school has left a great impact on the general perception of the public and the teachers. Most English students and teachers began to see the importance of communicative competence in their real lives, both in and out of the classroom.

4.3 The College Scholastic Ability Test

All Korean high school graduates who wish to go to universities are required to take the national College Scholastic Ability Test (CSAT) administered by the government. The purpose of CSAT is 1) to provide valid, reliable and objective data for selecting students into colleges and universities, 2) to contribute to the improvement of the high school education (Korea Institute of Curriculum and Evaluation, 1999, p.22). The real test of CSAT was given in 1993 for the school year of 1994. The CSAT English Section differed form that of the College Entrance Academic Proficiency Test, which had focused on phonological, lexical, and grammatical knowledge. The characteristics of the new test are 1) emphasis on communicative competence, 2) introduction of a listening comprehension test, 3) fluency over accuracy, 4) emphasis on reading comprehension and 5) no paper-and-pencil test on pronunciation or spelling. Among the characteristics of CSAT, the introduction of the listening comprehension test was a historic decision because along the history of Korea's English education, it was the first time for the listening comprehension test to be administered in the national college entrance examination. According to Kwon (2000), the CAST has had a tremendous wash back effect on secondary school English education, After the CAST was introduced, the secondary school English classes shifted their focus from analysis of grammatical structures to reading and listening of gist, main ideas, and inferences. Students began to listen to audio-tapes, and more and more multimedia were utilized in the classroom (Korea Institute of Curriculum and Evaluation, 1999).

5 Conclusion

This study focused on the origin and development of English language and language education through the historical survey on English education in Korea. We can trace the origin of English education from the ending period of the Chosun Dynasty. English education during the ending period of Chosun Dynasty was activated by both the public institutes and Missionary schools. At that time, the main purposes of English education were to educate the translators who are the experts in translating and interpreting Korean into many foreign languages. The history of English education in Korea developed into the national curriculum period through the Japanese Imperialism period. After Korea was liberated from Japanese Imperialism, English education was delivered through the tentative syllabus, and the first national curriculum was established in 1955. So the National Curriculum of Korea can be surveyed through 10-year terms, the 1950s, the 1960s, the 1970s, and 1980s. And from the 6th National Curriculum period, this research focuses on analyzing the 6th and 7th national curriculum on the basis of the progressive educational philosophy, and the innovative traits of those curriculums in order to provide the clear evidences of the development of the national curriculums. As above section suggests that the situation for implementing English education policy has matured and improved from the grammar-oriented education to the communication-oriented education, which is the most significant trait in the progressivism of the educational values. Also this study shows up the English education policy innovations after the 6th and 7th national curriculums were adopted in Korea's English education situation.

If Korea is to function effectively as a nation in the era of globalization, Korean people must be able to communicate effectively in English. In order to participate and contribute to the rapidly changing culture of the 21st century, we need to foster a human force with a good command of English. So it is imperative that we focus on cultivating communicative competence in Korean students. The historical survey on the origin and development of English language and language education can prove that the education of English in Korea started from the ending period of Chosun Dynasty, the history of English education of Korea is more than 100 years old. English education policy has been developed in order to cultivate the communicative competence of Korean EFL learners. From the historical survey on English education of Korea, we can learn that English education policies of Korea have developed to the direction that can cultivate the communicative and cultural competence of Korean learners.

As s final word, some suggestions for new directions of English education for the future can be given. First, new environment for ELT must be taken into consideration in the process of making English education policies in Korea. One of the factors which consists of new environment for ELT is the internationalization of the country. Since 2000, the educational market of Korea has been fully opened to the international community. The other factor is that new technology will change the English education environment. Through satellite TV and internet, internet English through websites and e-mails will be readily available to many Koreans, and cyber school will also provide English materials and courses. Also, the rapid spread of computers and multimedia materials will affect ELT methodology. So we must consider all these technological development in planning English education policies in Korea. Second, we must acknowledge the status of English as an International Language. As the English language is being used as a means of international communication, people regard English not as a second or foreign language but as an international language. So Korea needs to face up the new concept of "World Englihses" or " EIL (English as an International Language)", and practice these new concepts into the classrooms of English education through bidirectional communication(non-native speakers interaction) and cultural identity in bilingual education (Chang, 2008). Further, the progression of English education in the future needs to make use of multimedia, co-teaching with native speaker instructors and intensive retraining of English teachers. Also systematic follow-up studies on the changes and environment are needed to develop English education in Korea appropriate for the globalized world.

References

Chang, Bok-Myung. (1986). Historical Perspective on English as s Second

language Education in Korea. Unpublished master thesis. Korea University.

Chang, Bok-Myung. (1996). A Study on the 6th Curriculum and English

Textbooks. Ph. D dissertation. Korea University, Seoul, South

Korea.

Chang, Bok-Myung. (1997). The Perspectives on the Development of English Textbooks Analysis Theories. *Phoenix, 35,* 235-255, English Literature Society, Korea University, Seoul, Korea.

Chang, Bok-Myung. (1998). A Critical Study on the Syllabus Design of the Middle School English Textbooks in Korea, *JKAAL, 2*, 137-149.

Chang, Bok-Myung. (1999). Syllabus Model Development for the 7th National Curriculum of Korea. *Journal of PAAL, 3*, 107-132.

Chang, Bok-Myung. (2001). An Analytic Study on Syllabus Design for the National Curriculum. *English Language & Literature*

Teaching, 7(2), 1-15.

Chang, Bok-Myung. (2002). The Development of English Educational Materials based on the 7th National Curriculum of Korea. *Journal of PAAL, 6*(1), 15-29.

Chang, Bok-Myung.(2008). English Acquisition through NNS-NNS Interaction in EFL Context. *English Language & Literature Teaching, 13*(2), 1-23.

Clark, J. L. (1987). Curriculum Renewal in School Foreign Language Learning. Oxford : Oxford University Press.

Dusthimer, C., & Gillett, R. (1999). The history of ELT in Korea. In G. Crocetti(Ed.). The KOTESOL handbook: Teaching English in Korea (pp.1-12). Seoul: Moonyedang.

Johnson, R. K. (Ed.). (1989). The Second Language Curriculum. Cambridge : Cambridge University Press.

Kim, D-K., Bae, D-B., & Kim, I-D.(1991). Study on developing a training of English education departments. Research report 91-3-99. Korea University Education Federation.

Kim, Hyun-jin. (1998). A Theme-centered Integrated English Language Curriculum Development. Ph. D dissertation. Korea University, Seoul, South Korea.

Korea Institute of Curriculum and Evaluation. (1997). The Study on the 7th Curriculum Development. Seoul, South Korea.

Korea Institute of Curriculum and Evaluation. (1999). Curriculum. assessment and College Scholastic Ability Test in the Republic of Korea. Seoul: Author.

Krahnke, K. (1987). Approaches to Syllabus Design for Foreign Language Teaching. New Jersey : Prentice-Hall, Inc.

Kwon, Oryang (1995). A History of English Teaching Methods and methodology Research in Korea. English Teaching, 50(2), 107-31.

Kwon, Oryang (2000). Korea's English Education Policy Changes in the 1990s : Innovations to Gear the Nation for the 21st Century. English Teaching, 55(1), 47-91.

Lee, Jae-Keun. (1997). A Study on the Development on English Textbook for Learner's Communicative Competence. Ph. D dissertation. Korea University, Seoul, South Korea.

Lee, Jong-Bae (1978). English Teaching Methodologies in the Ending Period of the Chosun Dynasty. English Teaching. 15(2), 1-29.
McDonough, J. & C., Shaw (1993). Materials and Methods in ELT. Oxford : Blackwell Publishers.
Ministry of Education(1992a). The 6th Curricula : Middle school Curricula. Seoul: Author.
Ministry of Education(1992b). The 6th Curricula : High school Curricula. Seoul: Author.
Ministry of Education(1995). The Curricula of Elementary School: General and the English Subject. Seoul: Author.
Ministry of Education(1996). The Supply Plan of Elementary English T eachers. Seoul: Author.
Nunan, D. (1988). The Learner-Centered Curriculum. Cambridge :Cambridge University Press.
Sheen, R. (1994). A Critical Analysis of the Advocacy of the Task - Based Syllabus. TESOL Quarterly, 28, 127-151.
Sheldon, L. E. (Ed.), (1987). ELT Textbooks and Materials : Problems in Evaluation and Development. ELT Document 126. Oxford : Modern English Publications.
Sheldon, L. E. (1988). Evaluating ELT Textbooks and Materials. ELT Journal, 42, 237-246.
Tickoo, M.L. (Ed.) (1987). Language Syllabuses : State of The Art. Anthology Series 18. Singapore: SEAMEO Regional Language Centre.
Willis, D. (1990). The Lexical Syllabus. London : Collins E.L.T.
Yalden, J. (1983). The Communicative Syllabus. Oxford : Pergamon Press.

연구과제

1. 한국에 영어가 소개되고 발전하게 되는 역사적 배경을
   ① 영어교육의 태동기, ② 영어교육의 침체기, ③ 영어교육의 발전기로 나누어서 설명하시오.
2. 한국 문화의 특징이 한국 영어에 반영되는 사례를 다음 항목을 기준해서 제시하시오.
   ① 존재법 ② 통사론적 차이점
   ③ 비구두적 언어와 몸짓법 ④ 호칭법
3. 한국의 영어교육 정책 중에서 1990년 이후의 정책상의 특징을 설명하시오.

제4부 글로벌시대의 비즈니스 영어 활용

Chapter 1 Making a Business Card
Chapter 2 Creating Letterhead
Chapter 3 Letters and the Letter Styles
Chapter 4 Writing an Email
Chapter 5 Writing a Cover Letter
Chapter 6 Writing a Resume

Chapter 1
Making My Business Card

In this chapter we will discuss how to create a business card. A business card will include the full name of the business card holder, the name of the organization or institute (if appropriate), the correct current mailing address, appropriate email address(es), phone numbers, any fax number and if possible and a URL (Uniform Resource Locator). In business, when we meet people for the first time we usually exchange business cards as a way to introduce one's self and organization. Designing a business card can be different depending on its purpose. If you belong to a certain organization or institute, you follow their design using their logo, corporate colors, styles, and font. However, if you want to make your own business card, you may create your own design including all necessary information.

Writing a Name

When writing a name on a business card it is important how you write it. People who receive the business card will remember the person by the name on the business card. In America, for example, you may want to put a full name including a middle name, or you may put a full name but use a middle initial, or you may put a full name by which the person wants to be called.

Sample 1: William Herald Brown

William H. Brown

Bill Brown

Sample 2: ______________________________

____

____

Sample 3: ______________________________

____

____

Sample 4: ______________________________

____

____

For Korean names, you may start with the family name followed by the given name. Or the family name may go last. Often, Korean given names have two syllables; it is acceptable to use a hyphen to indicate one name.

Sample 1: Hong Kil-dong

Sample 2: *your name here*

Sample 3: ______________________________

Sample 4: ______________________________

Writing an Address

When writing an address on a business card it is important to write it correctly. It needs to look professional. In the west, especially in the United States, there is a particular way to write an address.

On the first line, you put the street address or post office box number. When writing the street address, you can use accepted abbreviations (see the illustrations below). However, when using a post office box (PO Box), there is no need to write the street address of the post office. In Korea, the street name is hyphenated.

Sample 1: 123 ABC Ave.

Sample 2: *your street address here*

Sample 3: Abc-ro 3-gil, Youngsoo-gu

Sample 4: *your street address here*

Street Abbreviations

Avenue → Ave.	Building → Bldg.	Boulevard → Blvd.
Drive → Dr.	Place → Pl.	Road → Rd.
Square → Sq.	Street → St.	Junction → Jct.

More?

What is a P.O. Box?

It refers a post office box which is located in a post office. If a person or a business does not want to have a 'door to door' delivery of mail they rent a box for postal delivery purposes. A person then must pick up the mail.

On the second line, you put the city, state, and ZIP code. In United States, the state can be abbreviated with two letters. The ZIP code is a 9-digit number but it is usually written with just the first five digits. You may put a county name on the end or on the line beneath that.

In Korea, the city name is put without indicating the Korean word for city. When indicating Korea, you put Republic of Korea or Rep. of Korea.

Sample 1: A City, State, ZIP
Country

Sample 2: Suwon, Kyeonggi-do, 16444
Republic of Korea

Sample 3: Cambridge, MA, 02139
U.S.A.

Sample 4: *your city address here* ______________________

____

States Abbreviations

Alabama → AL	Kentucky → KY	Oklahoma → OK
Alaska → AK	Maine → ME	Pennsylvania → PA
Arizona → AZ	Maryland → MD	Oregon → OR

Find all other state names and their abbreviations:

____

____

____

____

____

Writing a Phone Number

When writing a phone number it is customary to indicate the type of phone. A land line would simply be labeled as "Phone". A mobile of cell phone would be labeled "Cell" or "Cell Phone". A fax line is labeled "Fax" (see below for examples). How you show phone numbers may be dictated by your organization or institute or how the individual person prefers to see it. Often for business purposes you would include a fax number while a personal business card may not include that information.

Sample 1: Telephone

Sample 2: Tel.

Sample 3: Phone

Sample 4: Ph.

Sample 5: Cell Phone

Sample 6: Cell

Sample 7: Mobile

When writing phone numbers, you need to add a country code for international calling. The country code is usually put in parentheses or with a + in front of the area code.

In Korea you need to note that when calling internationally you drop the leading '0' from the area code or mobile phone. However, for domestic calling, you need to put '0' in the area code.

Sample 1: (82) 2-123-4567

Sample 2: +82 2-123-4567

Sample 3: 02-123-4567

Sample 4: 010-123-4567

Sample 5: *your number here* ______________________

Sample 6: *your number here* ______________________

Country Code

Republic of Korea → 82 North America → 1

Denmark → 45 France → 33

More country codes:

___

___

___

___

Writing an E-mail address and URL

It is important to write the correct email address on your business card because many businesses communicate through email. There is no need to underline an email address on the card. If there is a personal URL (Uniform Resource Locator), it is acceptable to include this on your business card. For business purposes, you may put your organization or institute URL.

Sample 1: english@email.com

Sample 2: www.english.com

Sample 3: *your Email address here*

Sample 4: *your URL address here*

Making Your Own Business Card

Chapter 2
Creating Letterhead

In this chapter we will discuss how to create letterhead for your workplace. Most workplaces use their letterhead to communicate with others for business purposes. This helps other businesses and organizations recognize the authenticity of the letter. What is letterhead? It is a letter sized sheet of paper which includes an organization or institute's name, logo, address, telephone numbers, fax numbers, email, and URL. It may also include the name of the specific person who uses the letterhead such as the president or other employee. This information usually goes on the top of the paper. However, it may be located on the top and the bottom of the page. In addition, the information is printed with the organization or institute's color. It is common that the letterhead's letter font, size and design follow the organization or institute's characteristics. It is important to note that the letterhead is designed to be simple and concise. Internationally letterhead is printed on A4 size (210mm x 297mm) paper. However, in the United States, the size is typically 8.5 x 11 inches.

Designing a Name of Workplace and Logo

In the space below, imagine your future workplace and try to create its name and logo. You may want to do some research or discuss ideas with your colleagues. The name of the organization or institute can be positioned in the center of the sheet or on the right or left side. The logo's position is the same as the name of the organization or institute.

Name of Organization
Logo

Writing an Address

In chapter 1, we practiced how to write an address. The address is located below the organization or institute's name. However, there are many correct ways to position the address. It may go on the right or left side corner at the top. It may go on the bottom in the center, on the right or left side corner. When designing letterhead there are several ways to write an address. Here, two ways are suggested.

Type A: An address can be written horizontally. It begins with the street number and name, the city, the state (province), and the country name.

Sample 1: 1100 ABCD Ave., Washington, DC 20016, U.S.A.

Sample 2: Abc-ro 3-gil, Youngsoo-gu, Seoul, 12345, Republic of Korea

Sample 3: *your future workplace address*

Sample 4: *your future workplace address*

Type B: An address can be written vertically. It usually has three lines. On the first line the street number and name are written. The city and state names and the zip code are on the second line. A country name can be put on the third line or on the second line next to the zip code.

Sample 1: 1100 ABCD Ave.
Washington, DC 20016
U. S. A.

Sample 2: Abc-ro 3-gil
Youngsoo-gu, Seoul 12345
Republic of Korea

Sample 3: *Your future workplace address*

Sample 4: *Your future workplace address*

Writing a Telephone and Fax Numbers

In chapter 1, we practiced how to write telephone and fax numbers. If your future workplace is an international business then it is better to add the country code in parenthesis ( ) or with a plus mark (+). The numbers can be located next to the address when the address is written horizontally. On the other hand, if the address is written vertically, then the numbers are written on a different line. Sometimes, indicating a telephone number, some organizations or institutes do not add a word 'telephone' or 'phone' before the digit numbers. However, when indicating a fax number, a word 'fax' goes before its number.

Type A: Follow by horizontal address.

Sample 1: 1100 ABCD Ave., Washington, DC 20016 U.S.A. Phone (1) 111-222-3333 Fax (1) 111-222-4444

Sample 2: Abc-ro 3-gil, Youngsoo-gu, Seoul, 12345, Republic of Korea Phone (82) 555-666-7777 Fax (82) 555-666-8888

Sample 3: *Your future workplace phone numbers*

Sample 4: *Your future workplace phone numbers*

Type B: Follow by vertical address.

Sample 1: 1100 ABCD Ave.

Washington, DC 20016

U. S. A.

Phone (1) 111-222-3333

Fax (1) 111-222-4444

Sample 2: Abc-ro 3-gil

Youngsoo-gu, Seoul 12345

Republic of Korea

Phone (82) 555-666-7777

Fax (82) 555-666-8888

Sample 3: *Your future workplace phone numbers*

Sample 4: *Your future workplace phone number*

Other Information

There is other information you may put on the letterhead such as the website address, email address, and SNS (Social Networking Service) address. The information may be located beneath the necessary information which was mentioned above. However, you need to remember to create the letterhead simply and concisely.

Sample 1: *http://www.facebook.com/english*

Sample 2: *Your future workplace other information*

Sample 3: *Your future workplace other information*

Creating a Letterhead

Below is an area for you to create a letterhead for your future workplace. You are free to choose any type of letterhead. You may show your creativity here using all necessary information that needs to be included on a letterhead.

Name of Organization
Logo

Chapter 3
Letter and the Letter Styles

Most workplaces follow a certain letter writing style. Sometimes this calls for a particular format or style. Businesses usually keep internationally recognized letter styles for their business communications. You will need to become familiar with the styles different organizations or institutes have. It is important to remember to be flexible when dealing with different letterhead and writing templates.

There are three letter styles that are accepted. Block style, modified style, and semi-block style are widely utilized and the semi-block style is the least used.

Block Style

Block style is the most commonly used layout for a letter. Using this style, all letter parts are left justified and single spaced. However, there must be double spacing including between paragraphs in the body of the letter.

Modified Block Style

In this style, the recipient's address is left justified and single-spaced. However, the date and closing including signature are on the right. In other words, when typing, tab the curser to the center point and type from there.

Semi-Block Style

The semi-block style is much like the modified block style except the body of the letter is indented at the beginning of each paragraph. When beginning a new paragraph(double space between paragraphs), the first line must be indented. The balance of the paragraph is left justified.

Letter

In many different workplaces, there are many types of letters in terms of their writing purposes. In this section, we will discuss the basic parts which show the basic letter template. There are eight basic parts in a letter. They are a sender's address, date, receiver's address, salutation, body, closing, enclosures, and the typist initials. However, if the letter is written on letterhead, the sender's address is not necessary.

Sender's Address

A letterhead shows the sender's address. When writing a letter not using letterhead, the sender's address should be located at the top of the letter. As we have studied earlier, the address includes the street address on the first line, city, state, and zip code on the second line. If a letter has an international purpose, the country is noted on the third line or it may be written next to the zip code. However, the country's name is usually written in abbreviated format and therefore uses all capital letters.

1100 ABCD Ave.

Washington, DC 20016

U.S.A.

Date and Inside Address

It is commonly accepted that the letter is dated on the day the letter was written. Dates can be written in different formats. There are two popular ways used in workplaces. The first is British English and the other is American English. In a workplace, the format will follow the norm of the business based on location. In British English, the day of the month is written first, then the month, then the year. In written American English, the month comes before the day and the year follows after the day. Remember that after the day, a comma is needed when the month is spelled out. The date can also be written in numbers. The months can be shortened except May and June such as January to Jan., February to Feb., March to Mar., April to Apr., July to Jul., August to Aug., September to Sept., October to Oct., November to Nov., and December to Dec.

British English Sample 1 : 25 December 2015 or 25/12/2015 or 25-12-2015

British English Sample 2 : *Your Letter Date* __________

British English Sample 3 : *Your Letter Date (Use numbers)* __________

American English Sample 4 : December 25, 2015 or 12/25/2015 or 12-25-2015

American English Sample 5 : *Your Letter Date* __________

American English Sample 6 : *Your Letter Date (Use numbers)* __________

The inside address refers to the recipient's address. When writing an inside address it is better to begin with the name of the person who will receive the letter. When writing a name it is written after the person's title such as Mr., Ms., or Dr.. When writing to a woman, if you are unsure of her marital status, it is common to use the title Ms. The inside address begins below the date if letterhead is being used. On the other hand, without letterhead, the inside address follows the sender's address and date.

1100 ABCD Ave.

Washington, DC 20016

U.S.A.

Date *December 25, 2015*

Inside Address

ABC-ro 3-gil

Youngsoo-gu, Seoul 12345

Republic of Korea

Salutation and Body

Before beginning the body of the letter, a salutation needs to be written which shows the name of the person who will receive the letter. For business purposes, it is better to use the title and last name followed by a colon or comma. However, if the letter is to a person well known to the writer it is acceptable to use only the first name in the salutation such as Dear John. To avoid gender indication, it is acceptable to use the full name without mentioning gender such as Dear Max Brown. After the salutation there should be one blank line before beginning the body. The body of letter is single spaced and left justify for block and modified block styles. For semi-block style begin each paragraph with an indentation. After each paragraph, leave a blank line.

Sender's Address
1100 ABCD Ave.
Washington, DC 20016
U.S.A.

Date *December 25, 2015*

Inside Address
ABC-ro 3-gil
Youngsoo-gu, Seoul 12345
Republic of Korea

Salutation Dear Max Brown:

Body First paragraph-Opening statement

Second or additional paragraphs-Main point and supporting details

Last paragraph-Closing restate the purpose of the letter

Commonly Used Closings
Sincerely yours,
Yours truly,
Yours faithfully,
Regards,
Best regards,

Closing, Enclosure, and Typist Initials

After completing the body, the closing begins one line after the last body paragraph and it is in the same vertical point as the date. The closing varies based on the letter's purpose. At a workplace a commonly accepted closing is used. Then, four lines need to be left between the closing and the sender's name. This is for a signature. Mostly, after closing, a comma should follow. If there is an enclosed document, the word 'enclosure' often is used. It can be shortened to 'enc.'. It needs to be written one line below the sender's name (and title if one is used). If there is more than one enclosure then the word must be plural. If there is a typist, the typist's initials are used for indicating who typed the letter. There is no need to use the typist's initials if you typed the letter yourself.

Sender's Address
1100 ABCD Ave.
Washington, DC 20016
U.S.A.

Date *December 25, 2015*

Inside Address
ABC-ro 3-gil
Youngsoo-gu, Seoul 12345
Republic of Korea

Salutation: Dear Max Brown:

Body: First paragraph-Opening statement

Second or additional paragraphs-Main point and supporting details

Last paragraph-Closing with restate the purpose of the letter

Closing: Sincerely,

Kil-dong Hong

Sample 1: Block Style

1100 ABCD Ave.
Washington, DC 20016
U.S.A.

December 25, 2015

Max Brown
ABC-ro 3-gil
Youngsoo-gu, Seoul 12345
Republic of Korea

Dear Ms. Brown:

The first paragraph of a body begins with the main point of the letter. You may start with a friendly opening or go straight to the purpose of the letter. Try not to explain in detail in the first paragraph.

The details of the letter are stated in the second paragraph. It is necessary to provide enough background information or explanation in the letter. However, it should be concise and organized well to support the main point. The details may be extended to the third paragraph or finished in the second paragraph.

A concluding paragraph may be used that highlights or restates the purpose of letter.

Sincerely,

Kil-dong Hong

Sample 2: Write a letter in block style. Topic is free or you may follow the suggested topic.

Sample 3: Write a letter in modified block style. Topic is free or you may follow the suggested topic.

Sample 4: Write a letter in semi-block style. Topic is free or you may follow the suggested topic.

Simply Remember!

- Capitalize the first letter of the sentence.
- Type the first sentence.
- After you type the period (.), hit the space bar once.
- Continue typing every sentence. Hit the space bar once after each period (.).
- When you have finished the last sentence of the paragraph, do not hit the space bar. Hit the enter key two times. Now you will have an extra line between the first and the second paragraph.
- The setting should be single spaced.

Chapter 4
Writing an Email

Emails work through computer network systems. It is a tool that computer users use to exchange information with each other. It can be an exchange of messages in real time. It saves time since the receiver gets the message immediately. Also, the form is simple to use and recognized internationally. Email has become a common medium of delivering information and messages at workplaces both domestically and internationally. There are disadvantages to using email. People tend to skip the editing process before sending the message. It readily shows mistakes of spelling, punctuation and grammar. Email consists of three basic parts; text, document file, and image. Emails also make use of an address but it is totally different than what we discussed when using a paper letter.

Domain

The domain part of the email address is a set of commonly accepted letters that indicate the type of business or location of the receiver and these cannot change or be creating randomly. There are generally seven domains: com, net, org, edu, gov, mil, and int. A 'com' indicates a profit organization, 'net' indicates network, 'org' indicates a non-profit organization, 'edu' indicates colleges and universities in America, 'gov' indicates US government, 'mil' indicates US military services, and 'int' indicates internationally established organization.

Sample 1: User account@host name.domain

Sample 2: abc123@gmail.com

Sample 3: *Your Email Address*

Sample 4: *Find 'com' Email Address*

Sample 5: *Find 'net' Email Address*

Sample 6: *Find 'org' Email Address*

Sample 7: *Find 'edu' Email Address*

Sample 8: *Find 'gov' Email Address*

Sample 9: *Find 'mil' Email Address*

Sample 10: *Find 'int' Email Address*

To indicate a country, two letter initials are used (kr for Korea, jp for Japan, and fr. for France). Each country may use a different domain. These names, systems, and registration systems can be different. In Korea, for example, visit http://domain.nic.or.kr to find out the internet address resources.

Try to find different countries' domains.

Sample 1: kr → Korea

Sample 2: ______________________________

Sample 3: ______________________________

Sample 4: ______________________________

Sample 5: ______________________________

Sample 6: ______________________________

Sample 7: ______________________________

Sample 8: ______________________________

Sample 9: ______________________________

Sample 10: ______________________________

Parts in Email

There are common parts in emails when writing and receiving. Mainly, there are six parts in the header and one in the body. In the header there are From, Date, To, Cc, Bcc and Subject. When sending an Email, in the header, From and Date often automatically are set by the Email system so there is no need to type them. In From, a sender address is indicated, for example "Korea English Book" 〈koreaebook@koreng.net〉. In the date, it shows the sent date and time such as Mon, 25 Dec 2015 09:00:08 +0900 (KST). In To, the receiver's Email address needs to be typed. If the address is registered in the Email system, it will show the name and its address such as "Kil-dong Hong" 〈hongkd@koreang.net〉. Cc refers carbon copy and it means a copy of a letter is being sent to someone other than the addressee. Bcc refers to blind carbon copy which means a copy of letter is being sent to someone other than the addressee but the receiver of the email will not know that another person is also receiving a copy. In Subject, the main theme of the Email is written. Mostly, the subject needs to be clear and concise to deliver the main message of Email and it is not necessary to make a complete sentence. In the body parts, the main message of the Email is written.

Sample 1:

To	
Cc	
Bcc	
Subject	

Email

- Make sure to have a correct Email address.
- If you write to more than one person, make sure to type all receivers' addresses.
- Try not to write a long Email. Make it simple and concise.
- Try not to use unnecessary symbols.

Sample 2: Try to write your own email header.

To	
Cc	
Bcc	
Subject	

Writing a Body Part in Email

It is customary to follow the block style when writing the body part of an Email. The body part is the same as the general letter format discussed earlier. It begins with a salutation and the body follows after including one blank line. The body can be divided by several paragraphs. However, it is better not to write more than three paragraphs. The closing follows the body after including one blank line. In the signature line, it is acceptable to type the sender's name or insert the image of the signature.

Sample 1:

To	
Cc	
Bcc	
Subject	

Sample 2: Try to write your own email body. Topic is free or you may follow the suggested topic.

To	
Cc	
Bcc	
Subject	

Chapter 5
Writing a Cover Letter

A cover letter is a type of letter which is used for job application. It is widely accepted that the cover letter is a single page. It is a summary of the resume information so it needs to be short and clear. The cover letter needs to be included when applying for a job unless it is indicated not to include one. The cover letter includes five basic details. They are introducing yourself, mentioning the job you are applying for, showing your skills and experiences related to the job, encouraging the reader to read your resume, and closing with appreciation and contact information. The purpose of your cover letter is to get the attention of the reader so that they will read the attached resume and then giving you an interview.

Before you begin

Identify what skills, qualities, and strengths you possess that make you a good candidate for the potential position. Identify what experience, education and training you have that the potential employer requires. Also identify what skills, qualities, and strengths you have that the potential employer is looking for. Find out the details of the position that you are applying for by doing on-line searches and/or interviewing current employees. Find out the name of the person responsible for hiring. Find out the mission and vision of the company and identify how you can help the company fulfill that mission and vision.

Qualities/Strengths Vocabulary Ideas

Accurate	Enterprising	Outgoing
Active	Enthusiastic	Personable
Adaptable	Fair	Pleasant
Broad-minded	Firm	Positive
Competent	Genuine	Practical
Conscientious	Honest	Productive
Creative	Innovative	Reliable
Dependable	Logical	Resourceful
Determined	Mature	Self-Disciplined
Diplomatic	Methodical	Sense of Humor
Discreet	Motivated	Sensitive
Efficient	Objective	Sincere
Energetic	Organized	Trustworthy

Sample 1: Write your own qualities and strengths.

Writing the Body of the Cover Letter

Before beginning a cover letter, you need to choose a letter style. You may choose one of the styles in Chapter 3. The Block style is a very popular form of in a business letter.

Cover Letter Salutation

It is important to find out who to address in a cover letter. If the receiver's name is noted in the job ad, use it. If not, try to find out whom to send the application to by calling the company or recruitment agency. For a cover salutation, it is better to use either 'Mr." or "Ms." Instead of using the person's first name. Try to avoid "To Whom It May Concern".

Sample 1: Dear Mr. Brown:

Sample 2: Dear Ms. Hong:

Sample 3: *Your salutation*

Sample 4: *Your salutation*

Cover Letter Body

In the first paragraph, describe what position you are applying for. Explain why you are a good candidate for the position.

Sample 1: I am applying for the position of managerial trainee in the manufacturing division. I was informed of the opening by the University of English's career office. I have the leadership and organizational experience that you need for this position.

Sample 2: *Your first paragraph*

The second paragraph begins by emphasizing how your experience will meet the requirements for the job. It is better to find out as much as you can about the potential employer and the type of work required for this position before writing this part.

Sample 1: As you will see from the enclosed resume, I graduated from the University of English with a major in Business Administration. My involvement in my senior project included administration of our university's venture company. I developed leadership and organizational skills in several organizations during the four years at this university. I am confident that these experiences will complement the training that I would receive as a managerial trainee at ABC Manufacturing.

Sample 2: *Your second paragraph*

In paragraph three, tell when you are available for an interview. Remember to add when, where, and how you can be contacted. The last paragraph finishes with giving thanks for considering you for the position.

Sample 1: I am available for an interview at any time convenient to you. You can reach me at (123) 456-7890 or at english@email.com.

Thank you for considering me for the managerial trainee position with your company. I look forward to hearing from you.

Sample 2: ______________ *Your third paragraph* ______________

____

______________ *Your fourth paragraph* ______________

____

- Wait for at least one day and reread your letter before sending.
- Did you say what you wanted to say?
- Have someone read and look for errors. Errors are not acceptable in a cover letter.
- Review the formatting rules for western/English business letters.

Email Cover Letters

- Write your name and the job title in the email subject line.
- Follow the email format in Chapter 4.
- Do not forget to keep your email professional looking

Sample 1:

1100 ABCD Ave.
Washington, DC 20016
U.S.A.

December 25, 2015

Max Brown
ABC-ro 3-gil
Youngsoo-gu, Seoul 12345
Republic of Korea

Dear Ms. Brown:

I am applying for the position of managerial trainee in the manufacturing division. I was informed of the opening by the University of English's career office. I have the leadership and organizational experience that you need for this position.

As you will see from the enclosed resume, I graduated from the University of English with a major in Business Administration. My involvement in my senior project included administration of our university's venture company. I developed leadership and organizational skills in several organizations during the four years at this university. I am confident that these experiences will complement the training that I would receive as a managerial trainee at ABC Manufacturing.

I am available for an interview at any time convenient for you. You can reach me at (123) 456-7890 or at english@email.com.

Thank you for considering me for the managerial trainee position with your company. I look forward to hearing from you.

Sincerely,

Kil-dong Hong

Sample 2: Write your own cover letter.

Chapter 6
Writing a Resume

A resume is a brief document, included with a job application, which highlights a person's qualifications for a particular job position. It is a short summary of personal information when applying for a job. In another words, it can be a word picture. It includes educational background, employment history, and experiences that are relevant to the job opening. Generally, a resume is attached to the cover letter. It has the same purpose as a cover letter, which is getting an interview. Generally, the resume consists of four sections. They are contact information, education, experience (usually related to the required work experience), and honors, activities, and volunteer services.

Before you begin

Before you begin, it is necessary to ask yourself some questions, collect information, and identify what the potential employer is looking for.

First, what questions should you ask yourself?

- What am I good at doing? Skills? Qualities and strengths (Chapter 5)
- What am I not good at doing? Skills? Weaknesses

Write down the answers to these questions. Get help from Chapter 5.

- What skills am I good at?

  Your skills ______________________

  ____

- What are my strengths?

Your strengths ______________________

____

Second, collect information. Keep this in your files. Always update this file and keep it current. Take a copy with you if you need to in case you are asked to fill out an application at the office of a potential employer.

- Education

Your education
____

____

____

Third, identify what the potential employer is looking for. What skills are required for this advertised position? What does the job ad list as requirements? What general qualities/strengths does this type of position require? What does the company website state as its mission? Does it mention any company wide qualities that it likes to display?

- Experience

Your required experiences
____

____

____

____

____

- Honors, Activities, and Volunteer Services

____

____

____

____

____

Remember!

- When writing a resume for the first time in English, start with a simple format.
- Design other formats later.
- Highlight your strengths and skills simply.
- Must have a "professional look": no errors, uncluttered (white space is important), and balanced.
- In western culture, a picture is not used (employment should not be based on physical characteristics).
- If you are putting your resume on the internet, do not put your home address, picture or phone number. You do not want your private home information made known to other individuals.
- Use an email address that you have created for this purpose. If a company requests an interview, then personal contact information can be put on the application.

Sample 1:

Kil-dong Hong

ABC-ro 3-gil, Youngsoo-gu, Seoul, 12345 Korea
(82) 123-456-7890
Email: english@email.com

OBJECTIVE

To obtain the position of managerial trainee in the manufacturing division at ABC Manufacturing

WORK EXPERIENCE

2014-Present	Name of Company, City, Country	Part-time Clerk
2013	Name of University, City, Country	Senior Project
2010	Name of Institute	Part-time English Teacher

EDUCATION

2015	Name of University, City, Country	B.A. Business Administration GPA 3.8/4.5

SKILLS

Leadership:	President of English Drama Society
Organizational:	Committee Chair for Social Welfare Organization Organized Students Volunteers for Monthly Projects
Technical:	Typing 90 wpm (English) 300 wpm (Korean)
Languages:	Bilingual-Fluent Korean and English; Conversational Japanese
Computer:	MS Word, Excel, Power Point, HTML

REFERENCES AVAILABLE UPON REQUEST

Sample 2:

Kil-dong Hong

ABC-ro 3-gil
Youngsoo-gu, Seoul, 12345 Korea
(82) 123-456-7890
Email: english@email.com

Professional Accomplishments

Business and Accounting Skills
Computer skills in Microsoft Word and Corel Word Perfect software. Enjoy teaching others new skills and solving problems.

- World Processing
- Desktop Publishing
- Spreadsheet
- Access

Responsible for all bookkeeping for small business.

Professional Experience

Business
Name of company — 2011-Present
Part-Time Clerk

Name of University — 2010
Senior Project
Venture Company

Name of Institute — 2009
Part-Time English Teacher

Leadership
Business Administration Department — 2008
Class President
Sophomore class

Global Leader Program — 2008
Student Leader

Education

Name of University — 2010
City, Country
B.A. Business Administration
GPA 3.8/4.5

REFERENCES AVAILABLE UPON REQUEST

Remember!

- When writing a resume for the first time in English, start with a simple format.
- For references, you usually do not indicate the reference unless it specifically requested. Instead of providing references, you need to put "REFERENCES AVAILABLE UPON REQUEST".
- Often, requested references are personal, educational, and/or professional. It is important to keep in mind the references before you submit the resume.
- Before submitting the resume, secure your most current references and reference letters.

참고문헌

교육과정·교과서연구회. 1990. *한국 교과교육과정의 변천- 중학교·고등학교*. 서울-대한 교과서.

교육과정·교과서연구회. 1994. *학교 교육 과정 편성·운영의 실제*. 서울: 동아출판사.

교육부. 1992. *제6차 교육과정: 중학교 교육과정*. 서울: 교육부.

교육부. 1992. *제6차 교육과정: 고등학교 교육과정*. 서울: 교육부.

교육부. 1995. *중학교 교육과정 해설(V)*. 서울: 대한 교과서 주식회사.

교육부. 1997. *외국어과 교육과정 해설(II)*. 서울: 대한 교과서 주식회사.

곽덕영. 1973. *개화기의 영어교육에 관한 연구*. 석사학위논문, 고려대학교 교육대학원.

권오량·김정렬. 2011. *한국 영어교육사*. 서울: 한국문화사.

권오량. 1995. 한국의 영어 교수 방법과 교수 방법론 연구의 변천. *영어교육, 50*(2): 107-131.

김명배. 2006. *개화기의 영어이야기*. 서울: 국제영어대학원대학교 출판부.

김영서. 2009. *한국의 영어교육사*. 서울: 한국문화사

김태환 · 김태한. 1978. *영어교수법의 이론과 실천*. 서울: 한신문화사.

대한교육연합회. 1969. *교육과정*. 서울.

문룡. 1976. 구한말의 영어교육고. *영어교육, 12*(8): 1-12.

박경자. 1984. *심리언어학*. 서울: 고려대학교 출판부.

박경자·장복명. 2002. *영어교재론*. 서울: 박영사.

박경자·장복명. 2011. *언어교수학(개정판)*. 서울: 박영사.

박경자·이재근·장복명. 2013.*영어과 교육과정 입문*. 서울: 경문사.

생각의나무. 2009.*지도로 보는 타임즈 세계역사 2*. 서울: 생각의 나무.

유봉호. 1992. *한국 교육과정사 연구*. 서울: 교학 연구사.

이경섭. 1997. *한국 현대교육과정사 연구-상*. 서울: 교학 연구사.

이종배. 1969. *한국 영학발달에 관한 연구*. 문학박사학위논문. 우석대학교.

이종배. 1978. 구한말 영어교육과 교수법. *영어교육, 15*(2): 1-29.

장복명. 1985. *제2언어로서의 영어교육에 대한 역사적 고찰*. 고려대학교 석사학위 논문(미출간).

장복명. 1995. *제6차 교육과정과 영어교과서 연구*. 고려대학교 박사학위 논문(미출간).

장복명. 1998. 중학교 영어교재 개발. *영어교육입문*, 570-601. 박영사.

장복명. 1999. 표현기능 지도내용을 통한 현행 영어교과서 평가. *영어어문교육*, *5*: 123-147.

장복명. 2000. 영어교재를 통한 화용론 지도 방안. *영어어문교육*, *6*: 180-197.

장복명. 2001. 한국과 일본의 영어과 교육과정에 대한 연구. *현대영어교육*, *2*(1): 83-101.

장복명. 2002. 영어교재 개발의 기초 이론. *영어교육의 이해*, 59-78. 한국문화사.

장복명. 2013. *어린이영어교육*. 서울: 박영사.

제6차 교육과정 외국어과 개발 연구위원회. 1992. *제6차 교육과정 중학교 영어과 개정시안*. 한국교원대학교.

한국교육개발원 교육과정개발연구위원회. 1997. *제7차 교육과정 개발 연구*. 한국교육개발원.

함종규. 1983. *한국교육과정 변천사 연구(전편)*. 서울: 숙명여자대학교 출판부.

교육과학기술부. 2011. *초·중등학교 교육과정 총론 영어과 교육과정: 교육인적자원부고시제 2011-361호*. 서울: 과학기술부.

교육인적자원부. 2007. *외국어과 교육과정(I)*. 교육인적자원부 고시 제 2007-79. [별책].

교육과학기술부. 2008. *초중등학교 교육과정 개정 고시*.

교육과학기술부. 2011. *영어과 교육과정*. 교육과학기술부 고시 제 2011-361호[별책 14].

이재근. 2010. 초등영어 3,4학년 영어교육에서 시수 확대에 따른 차시 모형 개발. *외국어교육 제11집*. 한국교원대학교 외국어연구소.

한국교육개발원. 1997. *제7차 영어과 교육과정 개발 연구*. 서울: 한국교육개발원.

한국교육과정평가원. 2001. *제7차 교육과정에 따른 성취기준과 평가기준 개발 연구*. 서울: 한국교육개발원.

한국교육과정평가원. 2005. *대학수학능력시험 출제매뉴얼-외국어(영어) 영역*. 서울: 한국교육과정평가원.

홍종선. 1993. 영어교육 발달사 비교. *영어교육연구, 13*: 105-141.

Achebe, C. 1975. The African writer and the English language, in *Morning yet on Creation Day*, New York: Anchor.

Adams, B. 2002. Barbarian as a foreign language: English in China's Schools. *World Englishes, 21*: 231-243.

Aitchison, J. 1991 *Language Change: Progress or Decay?*, 2nd edition. Cambridge: Cambridge University Press.

Aitchison, J. 1996 *The Seeds of Speech*. Cambridge: Cambridge University Press.

Allen, J.P.B., and Swain, M. (Eds.), 1984. Language Issues and Education Policies: Exploring Canada's Multilingual Resources. *ELT Documents 119*. Oxford: Pergamon Press.

Alobwede d;Epie, C. 1998. Banning pidgin English in Cameroon. *English Today*, *14*(1): 54-60.

Alsagoff, L. and Ho, C. L. 1998. The grammar of Singapore English in J. Foley et al. (Eds.) (1998).

Andreasson, A.-M. 1994. Norm as a pedagogical paradigm. *World Englishes*, *13*(3): 395-409.

Ammon, U. 1989. Die Schwerigkeiten der deutschen Sprachgemeinschaft aufgrund der Dominanz der englischen Sprache. *Zeitschrift für Sprachwissenschaft*, *8*(2): 257-72.

Ammon, U. 1990. German or English?: the problems of language choice experienced by German-speaking scientists in P. Nelde. (Ed.), *Language Conflict and Minorities, Bonn: Dümmler.*

Ammon, U. 2000 Towards more fairness in international English: linguistic rights of non-native speakes in R. Phillipson (Ed.), *Rights to Language Equity, power, and Education,* Mahwah, NJ: Lawrence

Erlbaum.

Ammon, U. 2006. Language planning for international scientific communication: an overview of question and possible solutions. *Current Issues in Language Planning*, *7*(1): 1-30.

Anderson, B. 1983. *Imagined Communities.* London: Verso.

Asher, R.E. and Simpson, J.M.Y. (Eds.), 1994. The Encyclopedia of Language and Linguistics. Oxford: Pergamon Press Ltd.

Bacon-Shone, J., & Bolton, K. 1998. Charting multilingualism: Language ensues and language surveys in Hong Kong. In M. Pennington (Ed.), *Language in Hong Kong at century's end* (pp. 43-90). Hong Kong: Hong Kong Univ. Press.

Bailey, R. 1991. *Images of English.* Cambridge: Cambridge University Press.

Bamgbose, A. 1998. Torn between the norms: innovations in World Englishes. *World Englishes*, *17*(1): 1-14.

Bao, Z. 2003. Social stigma and grammatical autonomy in non-native varieties of English. *English in Society*, *32:* 23-46.

Barber, B. 1996. *Jihad vs McWorld.* New York: Ballantine Books.

Baron, N. 2000. *Alphabet to Email.* London: Routledge.

Bauer, L. and Trudgill, P. (Eds.), 1998. *Language Myths*. London: Penguin.

Baugh, J. 2000. Educational malpractice and the miseducation of language minority students in J.K. Hall and W. Eggington (Eds.).

Bautista, M. 1998. Tagalog-English code-switching and the lexicon of Philippine English. *Asian Englishes*, *1*(1): 51-67.

Bautista, M. and Gonzalez, A. 2006. Southeast Asian Englishes in B. B. Kachru, Y. Kachru and C. Nelson (Eds.) (2006).

Bernardo, A. 2004. McKinley's questionable bequest: over 100 years of English in Philippine education. *World Englihses, 23*: 17-31.

Berns, M. 1989. *Contexts of Competence.* New York: Plenum Press.

Berns, M. 1995. English in the European Union. *English Today 11*(3): 3-11.

Bex, T. and Watts, R. (Eds.), 1999. *Standard English: The widening Debate*. London: Routledge.

Bickerton, D. 1981. *Roots of language.* Ann Arbor: Karoma.

Bickerton, D. 1984. The language bioprogram hypothesis. *The Behavioral and Brain Sciences*, *7*: 173-88.

Bisong, J. 1995. Language choice and cultural imperialism: a Nigerian perspective. *ELT Journal*, *49*(2): 122-32.

Block, D. and Cameron, C. (Eds.), 2002. *Globalization and Language Teaching*. London: Routledge.

Bloodworth, Dennis .2001. Go on, dare to boldly split the infinitive. *The Straits Times*, Thursday, 17 May.

Bolton, K. 2000. The sociolinguistics of Hong Kong and the space for Hong Kong English. *World Englishes*, *19*(3): 265-85.

Bolton, K. (Ed.), 2002. *Hong Kong English: Autonomy and Creativity*. Hong Kong: Hong Kong University Press.

Bolton, K. 2003. *Chinese Englishes: A Sociolinguistic History*. Cambridge: Cambridge University Press.

Bolton, K., & Bautista, M. 2004. Philippine English: tensions and transitions. *World Englishes, 23*: 1-5.

Bonfiglio, T. 2002. *Race and the Rise of Standard American.* Berlin: Mouton de Gruyter.

Bourhis, R. and Marshall, D. 1999. The United States and Canada in J. Fishman (Ed.) (1999).

Braine, G. (Ed.), 1999. *Non-Native Educators in English Language Teaching*. Mahwah, New Jersey: Lawrence Erlbaum Associates.

Britain, D. (Ed.), 2007. *Language in the British Isles*, 2nd edition. Cambridge: Cambridge University Press.

Brown, A. 1999. *Singapore English in a Nutshell: An Alphabetic Description of Its Features*. Singapore: Federal.

Brown, J.D. 1988. *Understanding Research in Second Language Learning: A Teacher's Guide to Staitsitics and Research Design.* Cambridge:

Cambridge University Press.

Brown, J.D. 1988a. Language Program Evaluation: A Synthesis of Existing Possibilities. In Johnson, K. (Ed.), *The Second Language Curriculum.* Cambridge: Cambridge University Press.

Brown, J.D. 1995. *The Elements of Language Curriculum.* Boston: Heinle and Heinle Publishers.

Brown, J.D. (Ed.), 1984. *General English Syllabus Design, ELT Documents 118.* Oxford: Pergamon Books Ltd. and The British Council.

Brown, J.D. (Ed.), 1986. *The Practice of Communicative Teaching, ELT Documents 124.* Oxford: Pergamon Books Ltd. and The British Council.

Brown, H.D. 2007. *Teaching by Principles*, 2nd ed. White Plains, NY: Addison Wasley-Longman.

Brown, K. and Peterson, J. 1997. Exploring conceptual frameworks: framing a world Englishes paradigm in L. Smith and M. Forman (Eds.) (1997).

Brumfit, C. 1995. The role of English in a changing Europe: where do we go from here?. Best of ELTECS, the British Council.

Brumfit, C. 2001. *Individual Freedom in Language Teaching*. Oxford: Oxford University Press.

Brumfit, C. 2002. Has everything changed?. *EL Gazette*, no. 265, February 2002: 11.

Bruthiaux, P. 2003. Squaring the circles: issues in modeling English worldwide. *International Journal of Applied Linguistics*, *13*(2): 159-78.

Brutt-Griffler, J. 2002. *World English: A Study of Its Development*. Clevedon, UK: Multilingual Matters.

Brutt-Griffler, J. and Samimy, K. 2001. Transcending the nativeness paradigm. *World Englishes*, *20*(1): 99-106.

Bryson, B. 1990. *Mother Tongue: The English Language*. London : Hamish Hamilton.

Burke, L., Crowley, T. and Girvin, A. (Eds.), 2000. *The Routledge Language and Cultural Theory Reader*. London: Routledge.

Burnett, L. 1962. *The Treasure of Our Tongue*. London: Secker and Warburg.

Bussmann, H. 1966. *Routledge Dictionary of Language and Linguistics*. London: Routledge.

Butler, S. 1997. World Englishes in the Asian context: why a dictionary is important in L. Smith and M. Forman (Eds.) (1997).

Cameron, D. 1995. *Verbal Hygiene*. London: Routledge.

Canagarajah, A. S. 1999. *Resisting Linguistic Imperialism in English Teaching*. Oxford: Oxford University Press.

Canagarajah, A. S. (Ed.), 2005. *Reclaiming the Local in Language Policy and Practice*. Mahwah, NJ: Lawrence Erlbaum.

Carter, R. 1999. Standard grammars, spoken grammars: some educational implications in T. Bex and R. Watts (Eds.) (1999).

Carter, R. and McCarthy, M. 1995. Grammar and the spoken language. *Applied Linguistics*, *16*(2): 141-58.

Carter R. and McRae, J. 2001. *The Routledge History of Literature in English*, London: Routledge.

Celente, G. 1997. *Trends 2000: How to Prepare for and Profit from the Changes of the 21st Century*. New York: Warner Books.

Cenoz, J. and Jessner, U. (Eds.), 2000. *English in Europe: The Acquisition of a Third Language*. Clevedon, UK: Multilingual Matters.

Chamoiseau, P. 1998. *School Days*, translated by Linda Coverdale. London: Granta Books.

Chan, Y. 2000. The English-language media in Hong Kong. *World Englishes*, *19*: 323-335.

Chang, Bok-Myung. 2002. The Development of English Educational Materials based on the 7th National Curriculum of Korea. *Journal of Pan-Pacific Association of Applied Linguistics*, *6*(1): 15-29.

Chang, Bok-Myung. 2008. English Acquisition through NNS-NNS

Interaction in EFL Context. *English Language & Literature Teaching, 13*(2): 1-23.

Chang, Bok-Myung. 2009. Korea's Education Policy Innovations to Lead the Nation into the Globalized World. *Journal of Pan-Pacific Association of Applied Linguistics*, 13(1): 83-97.

Chang, Bok-Myung. 2010. Cultural Identity in Korean English. *Journal of Pan-Pacific Association of Applied Linguistics*, *14*(1): 131-145.

Chang, Bok-Myung. 2011. The Roles of English Language Education in Asian Context. *Journal of Pan-Pacific Association of Applied Linguistics*, *15*(1): 191-206.

Chang, Bok-Myung. 2012. The Effect of International Distance Learning on University-level English Education in Korea, *Journal of the Korean Education Society, 11*(2): 1-22.

Chang, Bok-Myung. 2014. A new Lesson model for English language learning in Asian context. *Studies in Foreign Language Studies*, *28*(2): 109-133.

Chang, Bok-Myung. 2015a. Evaluation of Cross-Cultural Distance Learning in the Korean ELT Context. *Journal of Pan-Pacific Association of Applied Linguistics, 19*(1): 1-22.

Chang, Bok-Myung. 2015b. Reflection on the International Distance Learning. *Journal of Digital Contents Society*, *16*(5): 681-689.

Cheshire, J. (Ed.), 1991. *English around the World*. Cambridge: Cambridge University Press.

Cheshire, J. 2002. Who we are and where we're going in P. Gubbins and M. Holt (Eds.) (2002).

Claiborne, R. 1983. *The Life and Times of the English Language: The History of Our Marvellous Tongue*. London: Bloomsbury.

Clark, J.L. 1987. *Curriculum Renewal in School Foreign Language Learning*. Oxford: Oxford University Press.

Clyne, M. 1987. Cultural differences in the organization of academic texts. *Journal of Pragmatics*, *11*: 211-247.

Cogo, A. 2007. Intercultural communication in English as a lingua franca: a case study. doctoral thesis submitted at King's College London.

Cogo, A. and Dewey, M. 2006. Efficiency in ELF communication: from pragmatic motives to lexico-grammatical innovation in A. Mauranen and M. Metsä Ketelä (Eds.) (2006): 59-93.

Coleman, J. 2006. English-medium teaching in European higher education. *Language Teaching*, *39*: 1-14.

Collins, B. and Mees, I. 2007. *Phonology and Phonetics*, 2nd edition. London: Routledge.

Cook, G. and Seidlhofer, B. (Eds.), 1995. *Principle and Practice in Applied Linguistics: Studies in Honour of H. G. Widdowson*. Oxford: Oxford University Press.

Coppieters, R. 1987. Competence differences between native and near-native speakers. *Language*, 63: 544-73.

Coulmas, G. 1987. Why speak English? in K. Knapp, E. Werner and A. Knapp-Potthoff (Eds.), *Analyzing Intercultural Communication*. Berlin: Mouton de Gruyter.

Crookes, G. and Gass, S.M. (Eds.), 1993. *Tasks in a Pedagogical Context, Multilingual Matters 94*. Clevedon: Multilingual Materials Ltd.

Crowley, T. 1989. *The Politics of Discourse: The Standard Language Question in British Cultural Debates*. London: Macmillan.

Crowley, T. 2003. *Standard English and the Politics of Language*, 2nd edition. Hound-mills, Basingstoke: Palgrave Macmillan.

Crystal, D. 1997. *English as a Global Language*. Cambridge: Cambridge University Press.

Crystal, D. 2006. *Language and the Internet*, 2nd edition. Cambridge: Cambridge University Press.

Dai, W. 2002. Constructing a streamline institution of English teaching and learning with Chinese characteristics. *Foreign Language Teaching and Research Journal*, *5*.

de Klerk, V. 1999. Black South African English: where to from here?.

World Englishes, *18*(2): 311-324.

de Quincey, T.1862. *Recollections of the lakes and the lake Poets*. Edinburgh: Adam and Charles Black.

D'Souza, J. 1999. Afterword. *World Englishes*, *18*(2): 271-4.

D'Souza, J. 2001. Contextualizing range and depth in Indian English. *World Englishes*, *20*(2): 145-159.

Deterding, D. 2006. The pronunciation of English by speakers from China. *English World-Wide*, *27*(2): 175-198.

Deterding, D. 2007. *Singapore English*. Edinburgh: Edinburgh University Press.

Deterding, D. and Kirkpatrick, A. 2006. Emerging South-East Asian Englishes and intelligibility. *World Englishes*, *25*(3-4): 391-409.

Deterding, D., Wong, J. and Kirkpatrick, A. 2006. The pronunciation of Hong Kong English. *English World-Wide*, *29*(2): 148-75.

Dicker, S. 2000. Official English and bilingual education: the controversy over language pluralism in US society in J.K. Hall and W. Eggington (Eds.) (2000).

Di Pietro, R. 1990. Review of Ulrich Ammon (Ed.), Status and function of languages and language varieties. *Language Problems and Language Planning*, *14*: 288-291.

Dorian, N. 1998. Western language ideologies and small-language prospects in L. Grenoble and L. Whaley (Eds.) (1998), *Endangered Languages*. Cambridge: Cambridge University Press.

Dörnyei, Z. Csizér, K. and Németh, N. 2006. *Motivation, Language Attitudes and Globalisation: A Hungarian Perspective*. Clevedon, UK: Multilingual Matters.

Dziubalska-Kolaczyk, K. and Przedlacka, J. (Eds.), 2005. *English Pronunciation Models: A Changing Scene*. Bern: Peter Lang.

Ebunlola Adamo, G. 2005. Globalization, terrorism, and the English language in Nigeria. *English Today*, *21*(4): 21-26.

Eckert, P. and McConnell-Ginet, S. 1992. Think practically and look logically: language and gender as community-based practice. *Annual Review of Anthropology*, *21*: 461-490.

Elmes, S. 2001. *The Routes of English 4*. London: BBC.

Ervin, G.L. 1991. *International Perspectives on Foreign Language Teaching*. Illinois: National Textbook Company.

Evans, S. 2000. Hong Kong's new English language policy in education. *World Englishes, 19(2)*: 185-204.

Fairclough, N. 1989. *Language and Power*. London: Longman.

Ferguson, G. 2006. *Language Planning and Education*. Edinburgh : Edinburgh University Press.

Filppula, M. 1991. Urban and rural vaieties of Hiberno-English in J. Cheshire (Ed.) (1991).

Firth, A. 1996. The discursive accomplishment of normality: on "lingua franca" English and conversational analysis. *Journal of Pragmatics*, *26*: 237-259.

Firth, A. and Wagner, J. 1997. On discourse, communication and (some) fundamental concepts in SLA research. *Modern Language Journal*, *81*: 285-300.

Firth, A. and Wagner, J. 2007. Second/foreign language learning as a social accomplishment: elaborations on a reconceptualized SLA. *Modern Language Journal*, *91*: 798-817.

Foley, J., Kandiah, T., Fraser Gupta, A., Alsagoff L., Lick, H., Wee, L., Talib, I. and Bokhorst-Heng, W. (Eds.), 1998. *English in New Cultural Eontexts: Reflections from Singapore.* Singapore: Singapore Institute of Management and Oxford University Press.

Gardner, R. 1985. *Social Psychology and Second Language Learning: The Role of Attitudes and Motivation*. London: Edward Arnold.

Gargesh, R. 2006. South Asian Englishes in B.B Kachru, Y. Kachru and C. Nelson. (Eds.) (2006).

Ge, C. 1980. About translation from Chinese to English. *Translation Journal*, *2*.

George, J. 1867. *The Mission of Great Britain to the World, or Some of the Lessons Which She Is Now Teaching*. Toronto: Dudley and Burns.

Gill, S. K. 2002. *International Communication: English Language Challenges for Malaysia*. Serdang: Universiti Putra Malaysia Press.

Gnutzmann, C. (Ed.), 1999. *Teaching and Learning English as a global Language*. Tübingen: Stauffenberg Verlag.

Gnutzmann, C. and Intemann, F. (Eds.), 2005. *The Globalisation of English and the English Language Classroom*. Tübingen: Gunter Narr.

Gomes de Matos, F. 1998. Learners' pronunciation rights. *Braz-TESOL Newslatter*, September: 14-15.

Gonzalez, A. 2004. The social dimensions of Philippine English. *World Englishes, 23*: 7-16.

Gordon, E. and Sudbury, A. 2002. The history of southern hemisphere Englishes in R. Watts and P. Trudgill. (Eds.) (2002).

Görlach, M. 1988. The development of standard Englishes in M. Gorlach (1990), *Studies in the History of the English Language*. Heidelberg: Carl Winter.

Görlach, M. 2002. *Still More Englishes*. Amsterdam: John Benjamins.

Graddol D. 1997. *The Future of English?* London: British Council. Available at:

Graddol D. 1999. The decline of the native speaker. *AILA Review*, *13*, The English Company (UK) Ltd.

Graddol D. 2006 *English Next: Why Global English May Mean the End of English as a Foreign Language.* London: British Council, available at: www.britishcouncil.org/learning-research

Graham, L. 2000. 'Talkin' Jamaican', unpublished master's dissertation, King's College London.

Gramley, S. 2001. *The Vocabulary of World English*. London: Arnold.

Graves, K. 2000. *Designing Language Courses*. Boston: Heile and Heile Publishers.

Grenoble, L. and Whaley, L. (Eds.), 1998. *Endangered Languages*. Cambridge: Cambridge University Press.

Gubbins, P. and Holt, M. (Eds.), 2002. *Beyond Boundaries: Language and Identity in Contemporary Europe*. Clevedon, UK: Multilingual Matters.

Gupta, A. 1994. *The Step-Tongue: Children's English in Singapore*. Clevedon, UK: Multilingual Matters.

Gupta, A. 1999. Standard Englishes ,contact varieties and Singapore Englishes in C. Gnutzmann (Ed.) (1999).

Gupta, A. 2006. Singapore colloquial English (Singlish). *Language varieties*. Retrieved Feb. 19, 2006. From http: //www.une.edu.au/ langnet/singlish.htm.

Haarmann, H. 1997. On European identity, fanciful cosmopolitanism and problems of modern nationalism. *Sociolinguistica, 11*: 142-152.

Haberland, H. 1989. Whose English, nobody's business. *Journal of Pragmatics*, *13*: 927-938.

Hall, J. K. and Eggington, W. (Eds.), 2000. *The Sociopolitics of English Language Teaching*. Clevedon, UK: Multilingual Matters.

Halliday, M. 1978. *Language as a Social Semiotic*. London: Edward Arnold.

Halliday, M., McIntosh, A. and Strevens, P. 1964. *The Linguistic Sciences and Language Teaching*. London: Longman.

Haugen, E. 1966. Dialect, language and nation. *American Anthropologist, 68*: 922-35 in J. Pride and J. Holmes (Eds.) (1972), *Sociolinguistics: Selected Readings*. Harmondsworth, UK: Penguin Books.

Hewitt, R. 1986. *White Talk Black Talk*. Cambridge: Cambridge University Press.

Hinton, L. 1999. Trading tongues: loss of heritage languages in the United States.*English Today*, *15*(2): 21-30.

Ho, W. K. and Wong, R. 2003. *English Language Teaching in East Asia Today*. Singapore: Times Academic Press.

Holborow, M. 1999. *The Politics of English*. London: Sage Publications.

Holliday, A. 1994. *Appropriate Methodology and Social Context*. Cambridge: Cambridge University Press.

Holliday, A. .2004 "Non-natives" and "Natives", *IATEFL 2004: Liverpool Conference Selections*. Canterbury: IATEFL.

Holliday, A. 2005. *The Struggle to Teach English as an International Language*. Oxford: Oxford University Press.

Holm, J. 2000. *An Introduction to Pidgins and Creoles*. Cambridge: Cambridge University Press.

Honey, J. 1997. *Language is Power*. London: Faber & Faber.

Honna, N. 2001. English as an international language and Japan's English language teaching in *Foreign Language Teaching Research Journal, 5*.

House, J. 1999. Misunderstanding in intercultural communication in C. Gnutzmann (Ed.) (1999).

House, J. 2001 A "stateless" language that Europe should embrace. *Guardian Weekly, Learning English Supplement*, April 2001: 1-3.

House, J. 2003. English as a lingua franca: a threat to multilingualism?. *Journal of Sociolinguistics*, *7*(4): 556-578.

Hu, X. Q. 2004. Why China English should stand alongside British, American, and the other "world Englishes". *English Today*, *20*(2): 26-33.

Hu, X. Q. 2005. China English, at home and in the world. *English Today*, *21*(3): 27-38.

Hudson, R. 1996. *Sociolinguistics*, 2nd edition. Cambridge: Cambridge University Press.

Hughes, R. (Ed.), 2006. *Spoken English, TESOL and Applied Linguistics*. Houndmills, Basingstoke: Palgrave Macmillan.

Hughes, A. and Trudgill, P. 1979. *English Accents and Dialects*. London: Arnold.

Hughes, A. and Trudgill, P. 1996. *English Accents and Dialects,* 2nd edition. London: Arnold.

Hung, T. 2000. Towards a phonology of Hong Kong English. *World Englishes*, *19*(3): 337-56.

Igboanusi, H. 2008. Empowering Nigerian Pidgin: a challenge for status planning?. *World Englishes, 27*(1): 68-82.

James, A. 2000. English as a European lingua franca: current realities and existing dichotomies in J. Cenoz and U. Jessner. (Eds.) (2000).

Jenkins, J. 2003. *World Englishes: A resource book for student*. London: Routledge.

Jenkins, J. 2003. *World Englishes: A resource book for student*, 2nd edition. London: Routledge.

Jia, D. 1990. A model of thinking and linear order: linguistic features of Chinese English. *Foreign Language Journal*, *5*.

Jia, G. and Xiang, M. 1997. Debating on China English. *Foreign Language and Foreign Language Teaching and Learning*, *5*.

Jiang, Y. 1995. Chinglish and China English. *English Today*, *41*: 51-53.

Jin, J. 2005. Which is better in China, a local or a native English-speaking teacher? *English Today, 21(3)*, 39-46.

Johnson, R.K. (Ed.), 1989. The Second Language Curriculum. Cambridge: Cambridge University Press.

Jones, G. M. 1997. Immersion programs in Brunei' in Bilingual Education, vol. 5 of J. Cummins and D. Corson (Eds.), *Encyclopedia of Language and Education*. Dordrecht: Kluwer Academic Publishers.

Joseph, J. 2004. *Language and Identity.* Houndmills, Basingstoke: Palgrave Macmillan.

Judd, E.L. 1987. Language Policy, Curriculum Development, and TESOL Instruction: A Search for Compatibility. In Long , M.H. and Richards, J.C. (Eds.), *Methodology in TESOL,* 3-9. New York: Newbury House Publishers.

Kachru, B.B. 1988. *The Other Tongue.* Illinois: University of Illinois Press.

Kachru B. B. 1992a. Models for non-native Englihses. In B. Kachru (Ed.), *The other tongue : English across cultures* (pp. 48-74). Urbana, IL: Univ. of Illinois Press.

Kachru B. B. 1992b.Teaching world Englihses. In B. Kachru (Ed.), *The other tongue : English across cultures* (pp. 355-365). Urbana, IL: Univ. of Illinois Press.

Kachru B. B. 1992c. *The other tongue : English across cultures*. Urbana, IL: Univ. of Illinois Press.

Kachru B. B. 2005. *Asian Englishes: Beyond the Canon*, Hong Kong: University of Hong Kong Press.

Kachru, B.B., Kachru, Y. and Nelson, C. (Eds.), 2006. *The Handbook of World Englishes*. Oxford: Blackwell.

Kandiah, T. 1991. South Asia in J. Cheshire (Ed.) (1991).

Kandiah, T. 1998. The emergence of new Englishes in F. Foley et al. (Eds.) (1998).

Kaur, J. 2008. The co-construction of understanding in English as a lingua franca, doctoral Thesis submitted at the University of Lancaster.

Kennedy, C. and R. Bolitho. 1984. *English for Specific Purposes.* London: Macmillan.

Kerswill, P. 2007. Standard and non-standard English in D. Britain (Ed.) (2007).

Kfua, B. 1996. Time is up for pidgin English in *The Herald* (Cameroon bi-weekly), 359, 20-22 September.

King, R. 2005. Asian Englihses today. *World Englihses, 24*: 547-550.

Kiernan, V. 1969. *The Lords o Human Kind: European Attitudes towards the Outside World in the Imperial Age*. London: Weidenfeld & Nicolson.

Kirkpatrick, A. 2007a. *World Englishes: Implications for International Communication and English Language Teaching*. Cambridge: Cambridge University Press.

Kirkpatrick, A. 2007b. Setting attainable and appropriate English language targets in multilingual settings: a case for Hong Kong. *International Journal of Applied Linguistics*, *17*(3): 376-391.

Kirkpatrick, A. and Xu, Z. 2002. Chinese pragmatic norms and "china English".*World Englishes*, *21*(2): 269-280.

Kirkpatrick, A., & Zhichang, X. 2002. Chindes pragmatic norms and 'China English'. *World Englishes, 21*, 269-279.

Klimpfinger, T. 2007. "Mind you, sometimes you have to mix" – The role of code switching in English as a lingua franca. *Vienna English Working Papers*, *16*(2): 36-61.

Koenig, E., Chia, E. and Povey, J. (Eds.), 1983. *A Sociolinguistic Profile of Urban Centres in Cameroon*. Los Angeles: Crossroads Press, University of California.

Kramsch. C. 1993. *Context and Culture in Language Teaching.* Oxford: Oxford University Press.

Krashen, S.D. 1981. *Second Language Acquisition and Second Language Learning.* Oxford: Pergamon Press.

Krashen, S.D. 1982. *Principles and Practice in Second Language Acquisition.* Oxford: Pergamon Press.

Krashen, S. and T. Terrell. 1983. *The Natural Approach : Language Acquisition in the Classroom.* Oxford: Pergamon Press.

Lam, A. 2002. English in education in China: policy changes and learner's experiences. *World Englishes, 21*, 245-256.

Lee, A. 2001. English to get English lessons. *The Straits Times*, 15 May.

Leech, G., Deuchar, M. and Hoogenraad, R. 1982. *English Grammar for Today*. Houndmills, Basingstoke: Macmillan.

Leith, D. 1996. English: colonial to postcolonial in D. Graddol, D Leith and J. Swann. (Eds.), *English History, Diversity and Change. London*: Routledge.

Lenneberg, E. 1967. *Biological Foundations of Language*. New York: Wiley.

Leow, B. 2001. *Census of population 2000: Advance Data Release.*

Singapore: Singapore Department of Statistics, Ministry of Trade & Industry.

Leung, C., Harris, R. and Rampton, B. 1997. The idealized native speaker: reified ethnicities, and classroom realities. *TESOL Quarterly, 31*(3): 543-560.

Li, D. 2002. Hong Kong parents' preference for English-medium education: passive victims of imperialism or active agents of pragmatism? in A. Kirkpatrick (Ed.), *Englishes in Asia: Communication, Identity, Power and Education*. Melbourne: Language Australia.

Li, W. 1993. China English and Chinese English. *Foreign Language Teaching and Research Journal*, vol. 4.

Lightbown, P. and Spada, N. 2006. *How Languages Are Learned*, 3rd edition. Oxford: Oxford University Press.

Lim. L., & Foley, J. 2004. English in Singapore and Singapore English. In L. Lim.(Ed.), *Singapore English* (pp.1-18). Amsterdam: John Benjamins.

Lin, B. 2002. *Syllabus 2001-A Singaporean perspective on integrating EL learning across levels; what connections with Japan and beyond?* Paper presented as Special Lecture at the 41st Japanese Association of College English Teachers Annual Convention, Aoyama Gakuin University, Tokyo.

Lindquist, H., Klintborg, S., Levin, M. and Estling, M. (Eds.), 1998. *The Major varieties of English: Papers from MAVEN 97*, Växjö: Acta Wexionensia.

Lippi-Green, R. 1997. *English with an Accent*. London: Routledge.

Lowenberg, P. 2000. Non-native varieties and the sociopolitics of English proficiency assessment in J. K. Hall and W. Eggington. (Eds.) (2000).

Lowenberg, P. 2002. Assessing English proficiency in the Expanding Circle. *World Englishes, 21*(3): 431-435.

Luk, J. and Lin, A. 2006. Uncovering the sociopolitical situatedness of accents in the world Englishes paradigm in R. Hughes (Ed.).

Martin, M. 1999. Language and institutions: Roots of bilingualism in the Philippine. In M. Bautisa, & G. Tan (Ed.), *The Filipino bilingual: A multidisciplinary perspective* (pp. 132-136). Manila: Linguistic Society of the Philippines.

McArthur, A. 1987. The English languages? *English Today*, *11*: 9-13.

McArthur, A. 2002. *The Oxford Guide to World English*. Oxford: Oxford University Press.

McArthur, A. 2003. World English, Euro English, Nordic English? *English Today*, *19*(1): 54-58.

McCrum, R., MacNeil, R. and Cran, W. 1992. *The Story of English*, 2nd edition. London: Faber & Faber.

McFarland, C. 2004. The Philippine language situation. *World Englishes, 23*: 59-75.

McKay, S. 2002. *Teaching English as an International Language*. Oxford: Oxford University Press.

McNamara, N. and Roever, C. 2006. *Language Testing: The Social Dimension*. Oxford: Blackwell.

Maidment, J. 1994. Estuary English: hybrid or hype?, paper presented at the 4th New Zealand conference on Language and Society, Lincoln University, Christchurch, New Zealand, August 1994, available at http: //www.phon.uck.ac.uk/home/estuary/maidment.htm.

Mar-Molinero, C. 2006. The European linguistic legacy in a global era: linguistic imperialism, Spanish, and the Instituto Cervantes in C. Mar-Molinero and P. Stevenson. (Eds.), *Language Ideologies, Policies and Practices*, Houndmills, Basing-stoke: Palgrave Macmillan.

Mar-Molinero, C. 2008. Subverting Cervantes: language authority in global Spanish. *International Multilingual Research Journal*, 2: 27-47.

Mar-Molinero, C. and Stewart, M. Eds. 2006. *Globalization and Language in the Spanish-Speaking World*. Houndmills, Basingstoke: Palgrave Macmillan.

Matsuda, A. 2000. The use of English among Japanese returnees. *English Today*, *16*(4): 49-55.

Mauranen, A. 2003. The corpus of English as a lingua franca in academic settings. *TESOL Quarterly*, *37*(3): 513-527.

Mauranen, A. and Metsä Ketelä, M. (Eds.), 2006. English as a lingua franca, special issue of *Nordic Journal of English Studies*, 5(2).

May, S. 2008/2001. *Language and Minority Rights*. London: Routledge.

Mbassi-Manga, F. 1973. English in Cameroon: a study of historical contacts, patterns of usage and current trends, unpublished Ph.D. thesis, University of Leeds.

Medgyes, P. 1994. *The Non-native Teacher*. London: Macmillan.

Meierkord, C. 1996. *Englisch als Medium der interkulturellen Kommunikation. Unter-suchungen zum non-native/non-native speaker Diskurs*. Frankfurt am Main: Peter Lang.

Melchers, G. and Shaw, P. 2003. *World Englishes*. London: Arnold.

Mesthrie, R. 2002. Building a new English dialect in R. Watts and P. Trudgill. (Eds.) (2002).

Mesthrie, R. 2008. English circling the globe. *English Today*, *24*(1): 28-32.

Mesthrie, R. and Bhatt, R. 2008. *World Englishes: The Study of New Linguistic Varieties*. Cambridge: Cambridge University Press.

Metcalf, T. 1995. *Ideologies of the Raj*. Cambridge: Cambridge University Press (Indian edition: New Delhi: Foundation Books).

Milroy, J. 2001. Language ideologies and the consequences of standardization. *Journal of Sociolinguistics*, *5*(4): 530-555.

Milroy, J. and Milroy, L. 1999. *Authority in Language: Investigation Standard English*. London: Routledge.

Milroy, L. 1985. Social network and language maintenance in A. K. Pugh, V. J. Lee and J. Swann. (Eds.), *Language and Language Use*. London and Milton Keynes: Heinemann Educational Books and

The Open University Press.

Milroy, L. 1998. Bad grammar is slovenly in L. Bauer and P. Trudgill. (Eds.) (1998).

Milroy, L. 1999. Standard English and language ideology in Britain and the United States in T. Bex and R. Watts. (Eds.) (1999).

Mitchell, R. 1993. Diversity or uniformity?: multilingualism and the English teacher in the 1990s. *IATEFL Annual Conference Report: Plenaries 1993*: 9-16.

Modiano, M. 1999a. International English in the global village. *English Today, 15(2)*: 22-34.

Modiano, M. 1999b. Standard English(es) and educational practices for the world's lingua franca. *English Today, 15(4)*: 3-13.

Moreno-Fernández, F. and Otero, J. 2008. The status and future of Spanish among the main international languages: quantitative dimensions. *International Multilingual Research Journal*, 2: 67-83.

Mufwene, S. 1997. The legitimate and illegitimate offspring of English in L. Smith and M. Forman (Eds.) (1997).

Mufwene, S. 2001. *The Ecology of Language Evolution.* Cambridge: Cambridge University Press.

Mugglestone, L. 2003.*Talking Proper: The Rise of Accent as Social Symbol.* Oxford: Oxford University Press.

Mühlhäusler, P. 1997. *Pidgin and Creole Linguistics*. London: University of Westminster Press.

Murray, H. and Dingwall, S. 1997. English for scientific communication at Swiss universities: God helps those who help themselves. *Babylonia*, *4*: 54-9.

Nayar, P. B. 1998. Variants and varieties of English: dialectology or linguistic politics? In H. Lindquist et al. (1998).

Nelson, C. 1982. Intelligibility and non-native varieties of English in B. B. Kachru (Ed.) (1982), *The Other Tongue: English across Cultures*. Urbana, IL: University of Illinois Press.

Nettle, D. and Romaine, S. 2000. *Vanishing Voices*. Oxford: Oxford University Press.

Ngũgĩ wa Thiong'o. 1986. *Decolonising the Mind: The Politics of Language in African Literature*. London: James Currey.

Nylenna M., Riis, P. and Karlsson, Y. 1994. Multiple blinded reviews of the same two manuscripts: effects of reference characteristics and publication language. *The Journal of the American Medical Association*, *272*(2): 149-151.

Obeng, S. and Adegbija, E. 1999. Sub-Saharan Africa in J. Fishman (Ed.) (1999).

Odlin, T.1992. Transferability and linguistic substrates. *Second Language Research*, *8*: 171-202.

Omaggio, A. 1986. *Teaching Language in Context.* Boston: Heinle and Heinle Publishers.

Omoniyi, T. 1999. Afro-Asian rural border areas in J. Fishman (Ed.) (1999).

Pakir, A. 1991. The range and depth of English-knowing bilinguals. *World Englishes*, *10*(2): 167-179.

Pakir, A. 1995. Expanding triangles of English expression in Singapore in Teng S. C. and Ho M. L. (Eds.), *The English Language in Singapore: Implications for Teaching*. Singapore: SAAL.

Pakir, A. 1997. Standard and codification for Worl Englishes in L. Smith and M. Forman (Eds.) (1997).

Pakir, A. 2002. The matter of English, the matter with English: maintaining language standards in teaching of English in the 21st century in Low E. L. and Teng S. C. (Eds.), *The Teaching and Use of Standard English*. Singapore: SAAL.

Pandey, A. 2000. Symposium on the Ebonics debate and African-American language. *World Englishes*, *19*(1): 1-4.

Pang, J., Zhou, X., & Fu, Z. 2002. English for international trade; China enters the WTO. *World Englishes*, *21*: 201-216.

Parakrama, A. 1995. *De-hegemonizing Language Standards*. London:

Macmillan.

Parasher, S. 2001. Communication in multilingual India; a sociolinguistic perspective for the 21st century. *AILA Review, 14*, The English Company(UK) Ltd.

Peng, L. and Setter, J. 2000.The emergence of systematicity in the English pronunciation of two Cantonese-speaking adults in Hong Kong. *English World-Wide, 21*: 81-108.

Pennycook, A. 1994. *The Cultural Politics of English as an International Language*. London: Longman.

Pennycook, A. 1998. *English and the Discourse of Colonialism*. London: Routledge.

Pennycook, A. 2006. The myth of English as an international language in S. Makoni and A, Pennycook (Eds.), *Disinventing and Reconstruction Languages*. Clevedon, UK: Multilingual Matters.

Pennycook, A. 2007. *Global Englishes and Transculural Flows*. London: Routhdge.

Phillipson, R. 1992. Linguistics Imperialism. Oxford: Oxford University Press.

Phillipson, R. 1996. Linguistic imperialism: Afircan perspectives. *ELT Journal*, *50*(2): 160-167.

Phillipson, R. 2003a. *English-only Europe? Challeging Language Policy*. London: Routledge.

Phillipson, R. 2003b. "World English" or "World Englishes"? : on negating polyphony and multicanonicity of Englishes: two perspectives. Perspective 2: Robert Phillipson. *World Englishes*, *22*(3); 324-326.

Pinker, S. 1994. *The Language Instinct*. London: Penguin.

Platt, J. 1975. The Singapore English speech continuum and its basilect 'Singlish' as a 'creoloid.' *Anthropological Linguistics, 17*: 363-374.

Platt, J., & Weber, H. 1980. *English in Singapore and Malaysia: Status, features, functions.* Oxford; Oxford University Press.

Platt, J., Weber, H. and Ho, M. 1984. *The New Englishes*, London:

Routledge and Kegan Paul.

Prodromou, L. 1997. From corpus to octopus, *IATEFL Newsletter*, no.137: 18-21.

Qiang, N., & Wolff, M. 2003a. China and Chindes, or Chingland and Chinglish? *English Today, 19(2)*: 9-11.

Qiang, N., & Wolff, M. 2003b. The Chinglish syndrome: Do recent developments endanger the language policy of China? *English Today, 19(4)*: 30-35.

Quirk, R. 1990. Language varieties and standard language. *English Today, 21*: 3-10.

Rampton, B. 1990. Displacing the "native speaker": expertise, affiliation and inheritance. *ELT Journal*, *44*(2): 97-101.

Rampton, B. 1995. *Crossing: Language and Ethnicity among Adolescents*. London: Longmna (republished 2005 by St. Jerome Publishing).

Romaine, S. 1988. *Pidgin and Creole Languages*. London: Longman.

Rosewarne, D. 1996. Changes in English pronunciation and some implication for teachers and non-native learners. *Speak Out*!, Newsletter of the IATEFL Pronunciation Special Interest Group, no. 18: 15-21.

Rubagumya, C. 2004. English in Africa and the emergence of Afro-Saxons: globalization or marginalization? in M. Baynham, A. Deignan and G. Shite (Eds.) (2004), *Applied Linguistics at the Interface*. London: Equinox.

Rubdy, R. 2001. Creative destruction: Singapore's Speak Good English Movement. *World Englishes*, 20(3): 341-55.

Rubdy, R and Saraceni, M. (Eds.), 2006. *English in the World; Global Rules*. Global Roles, London: Continuum.

Saxena, M. 2008. Ideology, policy and practice in bilingual classrooms: Brunei Darussalam in A. Creese and P. Maritn (Eds.) (2008), *Encyclopedia of Language and Education, vol. 9 Ecology of Language*. New York : Springer.

Schneider, E. 2003. The dynamics of New Englihses: from identity construction to dialect birth, Language, *79*(2): 233-281.

Schneider, E. 2007. *Postcolonial Englishes: Varieties around the World.* Cambridge: Cambri9dge University Press.

Sebba, M. 2007. Caribbean creoles and black English in D. Britain (Ed.) (2007).

Seidhofer, B. 1999. Double standards: teacher education in the Expanding Circle. *World Englishes*, *18*(2): 233-245.

Seidhofer, B. 2001. Closing a conceptual gap: the case for a description of English as a lingua franca. *International Journal of Applied Linguistics*, *11*(2): 133-158.

Sibayan, B. 1978. Bilingual education in the Philippindes: strategy and structure. In J. Altais (Ed.), *Georgetown University Round Table on Language and Linguistics* (pp. 302-379). Washington, DC: Georgetown University Press.

Spelman Miller and P. Thompson (Eds.), 2002. *Unity and Diversity in Language Use*. London: Continuum.

Seidhofer, B. 2004. Research perspectives on teaching English as a lingua franca. *Annual Review of Applied Linguistics*, *24*: 209-39.

Seidhofer, B. 2005. Standard future or half-baked quackery?: descriptive and pedagogic bearing on the globalization of English in C. Gnutzmann and F. Intemann (Eds.) (2005).

Seidhofer, B., Breiteneder, A. and Pitzl, M.-L.2006. English as a lingua franca in Europe: challenges for applied linguistics. *Annual Review of Applied Linguistics*, *26*: 3-34.

Selinker, L. 1972. Interlanguage. *International Review of Applied Linguistics*, *10*: 209-231.

Shim, R. 1999. Codified Korean English: process, characteristics and consequence. *World Englishes*, *18*(2): 247-258.

Siegel, J.1991. Variation in Fiji English in J. Cheshire (Ed.) (1991), The role of learner subjectivity in second language sociolinguistic competency: Western women learning Japanese. *Applied Linguistics*, *17*(2): 356-382.

Singh, I.2001. *Pidgins and Creoles.* London: Arnold.

Smith, L. and Forman, M. (Eds.), 1997. World Englishes 2000, Honolulu, Hawai'i: University of Hawai'i Press.

Strevens, P. 1992. English as an International language: direction in the 1990s' in B.B. Kachru (Ed.) (1992).

Sutcliffe, D. 1982. *British Black English.* Oxford;Blackwell.

Talib, I. 2002. *The Language of Postcolonial Literatures*. London: Routledge.

Tay, M. 1991. Southeast Asia and Hongkong in J. Cheshire (Ed.) (1991).

Taylor, L. 2006. The changing landscape of English: implication for language assessment. *ELT Journal, 60*(1): 51-56.

Titlestad, P. 1998. South Africa's language ghosts. *English Today*, *14*(2): 33-39.

Todd, L. 1990. *Pidgins and Creoles*, 2nd edition. London; Routldge.

Todd, L. 1997. Ebonics: an evaluation. *English Today*, *13*(3): 13-17.

Toolan. M. 1997. Recentring English: new English and global. *English Today*, *13*(4): 3-10.

Tripathi, P. 1998. Redefining Kachru's "Outer circle" of English, *English Today, 14(4)*, 55-58.

Trudgill, P. 1984. *Language in the British Isles*. Cambridge University Press.

Trudgill, P. 1998. World Englishes: convergence or divergence? in H. Lindquist et al.(Eds.) (1998).

Trudgill, P. 2002. *Sociolinguistic Variation and Change.* Edinburgh: Edinburgh University Press.

Trudgill, P. and Chambers J. K. 1991. Introduction: English dialect grammar in J. K. chambers and P. Trugill (Eds.), *Dialects of English.* London: Longman.

Trudgill, P. and Hannah, J. 2008. *International English*, 5th edition.

London: Arnold.

Tsui, A. and Bunton, D. 2000. The discourse and attitudes of English language teachers in Hong Kong. *World Englishes*, *19*(3): 287-303.

Wang, R. 1991. China English does exist. *Journal of Luoyang Military Foreign Language Institute*, vol.4.

Wardhaugh, R. 2006. *An Introduction to Sociolinguistics*, 5th edition. Oxford: Blackwell.

Waters, A. 2007. ELT and the "spirit of the times". *ELT Journal*, *61*(4): 353-9.

Warers, R. and Trudgill, P. (Eds.), 2002. *Alternative Histories of English.* London: Routledge.

Wee, L. 2002. Intra-language discrimination and linguistic human rights. *Applied Linguistics*, *26*(1): 282-295.

Wenger, E. 1998. *Communities of Practice.* Cambridge: Cambridge University Press.

Wesley-Smith, P. 1994. Anti-Chinese legislation in Hong Kong in M.K. Chang (Ed.), *Precarious Balance: Hong Kong between China and Britain,* 1842-1992. Hong Kong: Hong Kong University Press.

Widdowson, H.G.1993. The ownership of English. *IATEFL Annual Conference Report*: Plenaries 1993.

Widdowson, H.G.1997. EIL, ESL, EFL: global issues and local interest. *World Englishes*, *16*(1): 135-146.

Widdowson, H.G.1994a. Pragmatics and the pedagogic competence of language teachers' in Sebbage T. and S. Sebbage (Eds.), *Proceedings of the 4th International NELLE Conference.* Hamburg: NELLE.

Widdowson, H.G.1994b. The Ownership of English, *TESOL Quarterly, 28(2)*: 377-389.

Williams, A. 2007. Non-standard English and education in D. Britain (Ed.)

(2007).

Wolfram, W. 2006. African American English in B.B. Kachru, Y. Kachru and C. Nelson (Eds.) (2006).

Wolfram, W. and Schilling-Eates, N. 2006. *American English*, 2nd edition. Oxford: Blackwell.

Xiaoqiong, H. 2004. Why China English should stand alongside British, American, and the other 'world Englishes'. *English Today, 21*(3): 27-38.

Yajun, J. 2003. English as a Chinese language. *English Today, 19*(2): 3-8.

Yalden, J. 1985. *Principles of Course Design for Language Teaching.* Cambridge: Cambridge University Press.

Yano , Y. 2001. World Englishes in 2000 and beyond, *World Englishes, 20*(2): 119-31.

Yu, V., & Atkinson, P. 1988. An investigation of the language diifficulties experienced by Hong Kong secondary school students in English-medium schools: II some casual factors. *Journal of Multilingual and Multicultural Development, 9*: 307-322.

Yuhua, J. 2002. English through Chinese: experimenting with sandwich stories. *English Today, 18*(1): 37-46.

Yun, W., & Jia, F. 2003. Using English in China. *English Today, 19*(4): 42-47.

Zhu, X. 1998. *Thirty years in a red house: a memoir of childhood and youth in communist Chin*a. Amherst: University of Massachusetts Press.

● 찾아보기

장복명

고려대학교 영어교육과 졸업(B.A.)
고려대학교 대학원 영어영문학과 석사(M.A.) 및 박사(Ph.D.)
고려대학교, 동덕여자대학교, 순천향대학교, 아주대학교 강사 역임
범태평양응용언어학회(Pan-Pacific Association of Applied Linguistics) 공동회장 역임
한국 영어어문교육학회 편집이사, 현대영어교육학회 홍보이사
남서울대학교 대외협력부장, 국제문화교류원장 역임
현재 남서울대학교 글로벌지역문화학과 영미문화전공 교수

■ 주요 연구 실적

〈저서〉

어린이영어교육. 2013. 박영사
영어과 교육과정 입문. 2013. 경문사
언어교수학(개정판). 2011. 박영사
World Englishes and Miscommunication(공저). 2007. Waseda University
삶과 언어(공저). 2002. 경문사
영어교재론(공저). 2002. 박영사
언어와 문화(공역). 2001. 박이정

〈논문〉

2015. Evaluation of Cross-Cultural Distance Learning in the Korean ELT Context, *Journal of Pan-Pacific Association of Applied Linguistics,* 19(1).

2015. Reflection on the International Distance Learning, Journal of Digital Contents Society, 16(5).

2014. 아시아 영어교육 상황에 적합한 수업 모형 개발, *외국어교육연구*, 28(2).

2012. The Effect of International Distance Learning on University-level English Education in Korea, *Journal of the Korean Education Society,* 11(2).

2011. The Roles of English Language Education in Asian Context, *Journal of Pan-Pacific Association of Applied Linguistics,* 15(1).

2010. Cultural Identity in Korean English, *Journal of Pan-Pacific Association of Applied Linguistics,* 14(1).

2009. Korea's English Education Policy Innovation to Lead the Nation into the Globalized World, *Journal of Pan-Pacific Association of Applied Linguistics,* 13(1).

2008. English Acquisition through NNS-NNS Interaction in EFL Context, *English Language & Literature Teaching,* 13(2).

한은희

Eastern Nazarene College 교육학(ESL 전공) 석사(M.Ed.)
Indiana University of Pennsylvania, U.S.A. 영어학(Composition & TESOL 전공) 박사(Ph.D.)
Indiana University of Pennsylvania, U.S.A. 강사 역임
한국 영어교과교육학회 편집이사, 글로벌영어교육학회 편집이사
나사렛대학교 천안시국제화교육특구 단장
현재 나사렛대학교 항공비즈니스영어학과 부교수

■ 주요 연구 실적

2014. What Korean students gain from studying abroad: English proficiency and cultural awareness. *Studies in English Education, 19*(2), 1-20.

2014. The role of progymnasmata in English writing class, *중등영어교육, 7*(4), 3-17.

2013. Skill building writing class design: Reflections of triangular writing process, Journal of Pan-Pacific Association of Applied Linguistics, 17(2), 141-157.

2013. 문화 이해와 인성계발을 위한 중학교 영어 교수.학습 자료 개발, *중등영어교육, 7*(1), 1-22.

2012. Research and practice in learning portfolio adoption on college writing: A case study. *Foreign Languages Education, 19*(4), 79-97.

2010. Motivation: The role of television watching. 영어교과교육, 9(3), 37-51.

2009. Nonnative English speaking teachers (NNESTs) versus native English speaking students: Perceptions. *영어어문교육, 16*(1), 1-18.

Global English의 이해와 활용

1판 1쇄 발행 _ 2016년 2월 29일
1판 2쇄 발행 _ 2017년 2월 20일

저 자 · 장복명 · 한은희
발행인 · 정 현 걸
발 행 · 신 아 사
인 쇄 · 예지인쇄
주 소 · 서울특별시 은평구 통일로 59길 4 (2층)
전 화 · (02) 382-6411 팩스 · (02) 382-6401
홈페이지 · www. shinasa. co. kr
E-mail · shinasa@daum.net
출판등록 · 1956년 1월 5일 (제 9-52호)

ISBN: 978-89-8396-927-9(93740)

정가 13,000원